DES

OBSTACLES IMPRÉVUS AU PACIFISME

SES LIMITES ACTUELLES

DEVANT LA CARTE DE L'EUROPE

PAR

RAOUL DE LA GRASSERIE,
Lauréat de l'Institut de France,
Membre de l'Institut International de Sociologie
et du Comité des Travaux Historiques et Scientifiques.

Extrait de la Revue Internationale de Sociologie

PARIS, V°
M. GIARD & E. BRIÈRE
LIBRAIRES-ÉDITEURS
16, Rue Soufflot, et 12, rue Toullier

1914

DES
OBSTACLES IMPRÉVUS AU PACIFISME

SES LIMITES ACTUELLES

DEVANT LA CARTE DE L'EUROPE

PAR

RAOUL DE LA GRASSERIE,

Lauréat de l'Institut de France,
Membre de l'Institut International de Sociologie
et du Comité des Travaux Historiques et Scientifiques.

Extrait de la Revue Internationale de Sociologie

PARIS, V°

M. GIARD & E. BRIÈRE

LIBRAIRES-ÉDITEURS

16, Rue Soufflot, et 12, rue Toullier

1914

Des obstacles imprévus au pacifisme :

ses limites actuelles

devant la carte de l'Europe.

Nous devons commencer, avant d'en tracer les regrettables, mais réelles limites, par saluer le succès relatif qu'a obtenu dans le monde de la pensée et même des institutions l'idée pacifiste, ne fût-ce que pour prouver la foi que nous avons dans son accomplissement final. Sans doute, elle compte encore dans la théorie et surtout dans la pratique des adversaires nombreux, intéressés ou non, mais elle recrute tous les jours de nouveaux et fervents disciples bravant tous les vents contraires, le ciel même qui subitement s'est de toutes parts obscurci, le canon qui gronde en Orient et un autre qui menace en Occident, les armements qui redoublent et les puissances qui ne cessent d'être égoïstes et impitoyables, comme sous l'ancienne armure de fer.

Cependant, si l'on compare cet état à celui des siècles précédents, on peut encore se féliciter. Il suffit de mesurer les progrès incontestables, progrès dûs à la raison plus grande, à la justice, à l'adoucissement des mœurs et aussi, en grande partie, à l'initiative et au zèle des pacifistes. D'abord l'amour de la guerre avec toutes ses rigueurs, même tous ses excès, recouvrait tout, tandis que la paix continue (elle était rare) était presque honteuse. Le souverain n'apparaissait qu'à cheval, ce n'était que le suprême officier. La gloire militaire était tout ; pour le laïc, c'était la seule vertu supérieure et pour le clerc lui-même Sabaoth restait le Dieu des armées, le plus grand en somme. D'ailleurs, aucune répugnance pour la mort ni pour les blessures, les siennes, et aucune pitié, pour celles qu'on distribuait aux ennemis, et parmi ces derniers nulle distinction à faire. Une ville prise, tout le monde est passé au fil de l'épée, les femmes, les enfants, comme le reste, le tout assaisonné d'un *Te Deum* très pieux. C'était le duel suivi d'assassinat régulier.

Plus tard, cette férocité s'affaiblit. On distingua, tout au moins, entre les combattants et les non combattants. Il y eut un triage dans le meurtre. Mais la théorie, par ailleurs, est conservée. Le militarisme reste seul réputé héroïque et utile. Il est la condition du courage et trempe les caractères ; c'est la seule vertu. C'est lui qui civilise ; ce n'est que par lui que les races supérieures perfectionnent les inférieures, fondent les colonies, font disparaître les faibles, opèrent le triage des races, des religions, des mœurs, des climats, en prenant les meilleurs parmi les meilleurs, c'est-à-dire parmi les plus forts. Ce n'est pas tout ; la guerre a, dit-on, ses bienfaits propres, comme la peste, sa sœur, elle empêche la surpopulation et est seule capable de trancher aussi dans une juste mesure à chacun son morceau suffisant de pain. Enfin, elle maintient chez les peuples divers une barrière jugée nécessaire ; celui qui n'est pas de notre nation n'est pas un homme, c'est le barbare, l'*hostis* du droit romain, le jaune, le rouge, le noir qui lui succède.

Plus tard encore les mœurs s'adoucissent, non l'injustice, car les armées deviennent permanentes. Les nations consomment pour elles toutes les ressources, sans compensation, de manière à faire craindre plus encore la paix armée que la guerre. A l'intérieur, le duel vient l'imiter et la doubler. Les armements se perfectionnent et toutes les nations restent debout. Le mercantilisme seul résiste d'abord à cet entraînement ; lui seul incite à voyager, à apprendre les langues étrangères, à connaître les peuples chez eux. Bientôt les livres sont traduits, les étrangers eux-mêmes résident chez nous, sauf d'abord la confiscation après la mort des biens des aubains. Nous nous apercevons enfin qu'ils sont des hommes, aussi misérables, mais parfois aussi intelligents et aussi grands que nousmêmes. L'antipathie reste, mais la pitié, l'humanité commencent.

C'est alors que grandit peu à peu le pacifisme. Nous n'avons pas ici à en raconter l'évolution bien connue.

C'est par degrés qu'il fait son ascension. Né d'un amour des travaux, des bienfaits de la paix et de la pitié même pour les ennemis que jusque-là on égorgeait tranquillement, il grandit chaque jour et ce sentiment vague s'élève jusqu'aux principes : il lutte en chemin contre les préjugés, les ironies, et un moment même, il y a quelques années, il semblait triompher des obstacles semés sous ses pas.

Les moyens qu'il emploie en dehors de sa propagande sentimentale sont les suivants :

D'abord il faut diminuer les moyens trop cruels de la guerre, qu'il s'agisse des balles ou de tous armements du même genre, dépassant ce qui est nécessaire pour réduire l'ennemi à l'impuissance, il s'agit, en d'autres termes, de supprimer les cruautés inutiles. C'est déjà un bienfait.

Il faut, ensuite, lorsqu'une guerre éclate ou lorsqu'elle dure depuis quelque temps et qu'une des nations est affaiblie et disposée aux concessions, intervenir du dehors, proposer l'arbitrage de quelque bienveillant voisin, et amener un armistice, et enfin la conclusion définitive de la paix.

Puis, l'initiative augmente et un arbitre général est constitué à la disposition de tous les belligérants qui veulent y avoir recours, c'est, de nos jours, la cour d'arbitrage de La Haye.

Puis, les diverses puissances conviennent de l'arbitrage préconstitué, soit qu'elles le confient à cette Cour, soit qu'elles préfèrent un autre arbitre. Dans ce cas, la guerre n'éclate jamais entre elles, si elles demeurent fidèles à leurs conventions. La situation est analogue à la procédure du contrat compromissoire dans le droit privé.

Là s'arrêtent pour un moment les conquêtes, soit déjà faites, soit en voie d'accomplissement du pacifisme.

Après ce moment d'arrêt, le voici qui reprend de nouveau son vol au-dessus.

En effet, l'inconvénient des systèmes qui précèdent reste fort grand.

Les nations qui ont accepté l'arbitage, soit actuel, soit préconstitué, peuvent s'y refuser tout à coup au moment nécessaire, ou au moins, l'une d'elles. Que devient alors cette convention d'arbitrage ? Qui la fera exécuter par voie de contrainte ? Personne n'en aura le droit, et qui, au surplus, en aurait la force ?

Aussi a-t-on dû prendre, au moins, une précaution qui enlève à chacune de ces puissances sa violence, de telle sorte que le concert européen pourra désormais interposer sa volonté. Il s'agit de la réduction des armements, chacune n'ayant plus le droit que d'avoir une sorte de gendarmerie extensive. Mais à une telle idée née du cerveau des théoriciens on a résisté dans la pratique, personne ne voulant mettre bas les armes avant les autres, et le système n'a subsisté que *ad ostentationem*, comme une superstructure brillante, mais aussi fragile qu'une bulle de savon.

Cette addition détruite, l'arbitrage volontaire, même préconstitué n'a plus valu sérieusement que pour les questions de détail où il rend encore de grands services, et où il peut empêcher des guerres que la pleine autonomie, sans aucun lien préexistant, laisserait quelquefois éclater par cas fortuit ou maladresse.

Il fallait un instrument plus complet et plus radical, capable, sans condition actuelle, de couper court à toute guerre possible

Cet instrument, le plus haut degré d'accomplissement de l'idée pacifiste et le plus solide, est celui de la fédération, soit européenne, soit mondiale, soit successivement, d'abord la première, puis la seconde. Elle est fort ancienne d'ailleurs, c'est celle, à diverses époques, de Podiébrad de Bohême, et de notre Henri IV. Toutes les nations de l'Europe, par exemple, formeraient une vaste confédération composée de tous les Etats de notre partie du monde. Cette confédération constituée comme la fédération suisse, ou comme celle des Etats-Unis, ou celles des colonies anglaises du nord de l'Amérique, ou celles encore du Brésil comprendrait un pouvoir législatif, un judiciaire, un administratif communs à tous les Etats et qui les domineraient tous et chacun. En cas de conflit entre ces nations et dès auparavant elle agirait. Par ses organes législatifs, elle déterminerait d'abord quelles règles seraient admises *in abstracto* pour régler ces différends. Par ses organes judiciaires, elle rendrait un jugement sur la question entre les adversaires en droit et en fait ; enfin par ses organes d'exécution, notamment par une forte armée fédérale, elle mettrait son propre jugement à exécution. En un mot, elle réglerait tout conflit sans guerre, comme le conseil fédéral le fait entre les Etats suisses, et le Conseil des Etats entre les Etats allemands. L'Europe toute entière ne formerait qu'un pays fédéral que l'armée fédérale contraindrait en cas de besoin.

De même progressivement le monde entier deviendrait un seul pays fédéral.

Ce serait le *couronnement* du pacifisme.

Aurait-il lieu sans difficulté, et n'y aurait-il pas des causes de séparation réservées ?

Nous supposons, pour le moment, des nations complètement formées, parfaitement distinctes, telles que sont celles que nous connaissons le mieux. Voici la France, l'Angleterre, l'Allemagne, la Russie. Un conflit naît entre elles ; pour le décider, il existerait un tribunal suprême, obligatoire, fédéral. Voyons comment la sentence prononcée va s'imposer.

S'il s'agit d'une question secondaire, ou se résolvant en argent, point de difficultés. Comme un plaideur, chaque Etat peut perdre, mais il s'inclinera Somme toute, en le faisant, il y perdra moins que s'il s'était exposé à tous les maux et risques de la guerre.

Mais souvent aussi, il ne s'agit pas seulement de cela, mais de questions vitales. Aussi, dans leurs traités d'arbitrage préconstitué, les nations font-elles d'habitude usage de certaines réserves qui circonscrivent. Voici celles admises. Elles sont notamment contenues dans les traités d'arbitrage préconstitué de la France avec l'Italie en 1903 et avec l'Angleterre. « Sont exclus de ces traités : 1° les différends d'ordre politique ; 2° ceux touchant aux intérêts vitaux ; 3° ou à l'indépendance ; 4° ou à l'honneur ; 5° ou aux intérêts de tierces nations ». On comprend, en effet, pour les trois derniers, qu'un peuple ne puisse consentir, ni aujourd'hui, ni d'avance, à son propre suicide. Seulement en ce qui concerne les intérêts vitaux, le terme est trop élastique, car il peut tout comprendre.

Ces réserves détruisent complètement l'effet de l'arbitrage préconstitué ou des traités, parce que les nations intéressées comparaissent alors pour juger elles-mêmes si leurs intérêts vitaux ne sont pas lésés par la décision, ou s'il n'est pas porté atteinte à leur indépendance, ou même elles pourraient s'en servir comme d'un prétexte pour se soustraire à la sentence. Quelquefois elles pourraient même avoir raison de le faire, car l'arbitre dont l'équité n'est pas certaine pourrait transgresser ces limites naturelles.

Mais s'il s'agissait d'une confédération qui rendrait ces décisions, les cas réservés disparaîtraient, sinon en droit, du moins en fait. Quel tribunal fédéral ayant compétence pour toute l'Europe, par exemple, pourrait rendre une sentence enlevant, en tout ou en partie, l'autonomie à un Etat, son justiciable, ou pénétrerait dans sa politique intérieure, ou le démembrerait, ou le priverait des frontières nécessaires pour sa défense, ou le déshonorerait ? Un tel tribunal n'existera pas, pas plus qu'il n'y aura dans un Etat un tribunal violant les libertés essentielles.

En somme, donc, ces objections disparaissent, et ne font pas obstacle à la paix imposée d'en haut entre deux Etats normalement constitués.

Mais est-ce là tout le pacifisme, et lorsque ce dernier aura obtenu ce précieux résultat, aura-t-il dit son dernier mot ?

Non, car au-dessous de la sphère internationale, il y a d'autres sphères inférieures et qui lui sont souvent concentriques, la sphère ethnique ou provinciale, et la sphère politique de politique intérieure.

C'est là que la guerre manque bien de se rallumer, quand même elle serait éteinte partout ailleurs, et ou il semble qu'il n'y ait pas de remède possible, si les belligérants ou l'un deux ne veulent pas admettre d'immixtions étrangères et continuent d'opposer les principes d'autonomie et de non intervention.

I.

La première de ces nouvelles sphères, de laquelle le pacifisme n'a pu encore approcher, c'est la sphère ethnique. Qu'est-ce particulièrement que cette sphère ?

Si les Etats étaient bien constitués, elle n'existerait pas, ou ne serait pas distincte; race et Etat se recouvriraient. Il y aurait un Etat autrichien et une race autrichienne qui se confondraient. De même un Empire ottoman et une race ottomane, qui seraient identiques et ne renfermeraient aucun élément étranger. De même, l'Etat anglais ne contiendrait qu'une race germanique, seulement des Anglais, des Saxons et des Normands qui ont la même origine primitive, mais non des Irlandais, des Ecossais et des Gallois qui en ont une autre. Mais l'histoire n'a pas souffert la conservation de races pures. Elle les a capricieusement juxtaposées ou superposées, comme celles que nous venons de citer tout à l'heure ; bien plus, d'autres fois, elle les a pétries ensemble, brassées. Dans ce dernier cas, au point de vue qui nous occupe, l'inconvénient est moindre. Par exemple, il n'existe pas de race française. Les Français sont le mélange d'une foule de races. Presque partout dans ce pays, sauf aux confins, races et Etat se confondent sans se recouvrir, il n'y aurait là qu'un simple provincialisme. Dans d'autres pays nombreux, au contraire, la fusion ne s'est pas faite entre toutes les races qui les habitent, elle s'est accomplie pour les unes et non plus pour les autres, de sorte qu'il en subsiste d'hétérogènes !

Tant que cette hétérogénéité persiste, et elle dure souvent des siècles, que cet antagonisme se présente, tantôt à l'état chronique, tantôt à l'état aigu, même suraigu, les races sont restées suffisamment distinctes les unes des autres, ou si quelques-unes se sont fondues entre elles, elles en ont laissé d'autres en dehors qui n'ont pas opéré fusion avec elles, mais qui sont demeurées pures ou ont fusionné avec d'autres différentes des premières. Il en résulte une sorte de dualisme ou de pluralisme dans un Etat composé.

Sans doute, alors il peut y avoir complet accord entre elles. Par exemple, ces races ou ces nations pourraient conserver une égalité respective et se fédérer, sans reconnaître de prépondérance à aucune d'elles, c'est ce que nous voyons dans les colonies qui ont fondé les Etats-Unis de la grande République américaine du nord, où des alluvions de nombreuses nations européennes sont autant d'éléments formateurs, ou bien encore, en Suisse où, à coté de Français, se placent des Allemands et des Italiens dans une parfaite entente aujourd'hui. Mais il est loin d'en être toujours ainsi. Le plus souvent un des deux peuples formant un seul Etat prétend complètement s'imposer, il considère l'autre, non comme son égal, ni même comme son rival, mais comme son sujet, comme son esclave même. Il lui commande, possède seul les droits politiques, lui réserve les charges onéreuses et garde pour soi la richesse et les honneurs. Le résultat est une désaffection, qui devient parfois de la haine, des siècles ne suffisent pas pour l'éteindre, d'autant plus qu'à chaque vélléité d'autonomie le joug s'alourdit.

Si une telle situation était exceptionnelle, il y aurait lieu de la condamner, non cependant d'y apporter une trop grande attention. Mais, loin d'être telle, elle est, au contraire, très fréquente, et elle l'est de nos jours plus complètement ou plus sensiblement que jamais. Il s'agit de la *question des nationalités*. Si l'on observe la carte de l'Europe, en même temps que sa réalité, on constate son invraisemblance. Il ne s'y trouve guère de pays qui n'en domine un autre à son profit, le paralysant, le confisquant, autant que possible, lui abandonnant le moins qu'on peut de pouvoir, de civilisation, d'autonomie, lui enlevant ce qu'il y a de plus cher à chacun, jusqu'à sa langue, et par là, autant que possible, l'expression adéquate de son idée propre, le dépouillant de son costume, de son caractère, de son culte, de tout ce qui lui est natif.

Que si tout à coup cette nation soumise s'insurge contre celle qui l'enserre dans un même Etat politique, c'est la sécession, il se fait une dissociation, une rupture. Souvent la guerre éclate, une guerre intérieure que l'on qualifie de révolte. Les révoltés ne sont pas des belligérants, ce sont simplement des rebelles, presque des criminels, au sens formel du mot. Les lois ordinaires de la guerre ne leur seront pas applicables. Il faudra, cette fois, réussir ou périr, à la différence de deux peuples voisins, qui, vainqueurs et vaincus, ont les honneurs de la guerre.

Une différence plus essentielle est la suivante. Si deux peuples formant deux États politiques différents en viennent aux mains, très souvent les voisins, soit seuls, soit formant un concert de conciliateurs, s'interposent et, par leurs bons offices, peuvent amener à un accord, ils proposent un arbitrage accepté. Bien plus, en supposant le progrès des idées pacifistes, les belligérants eux-mêmes demanderont à ces voisins un tel arbitrage. Enfin, si une fédération générale se formait, le tribunal de la Haye ou tout autre proposerait sa médiation ou imposerait sa sentence aux deux États proprement dits et complètement indépendants d'habitude, qui auraient engagé la guerre Mais cela serait-il possible, lorsqu'il s'agit d'un État unique, lorsque la révolte d'une province y éclate contre le pouvoir central, même lorsque cette province est occupée par une race différente ?

Qui osera intervenir? Qui en aura le droit? La non intervention est un des principes de notre droit international. Il est juste, car chaque État est souverain. Il est utile, car, si l'on intervient, une intervention va en causer une seconde, et bientôt toute l'Europe sera en feu ; au lieu de calmer la guerre, on l'aura propagée. Ce n'est pas tout. Il serait donc permis à chaque État de se mêler des querelles intestines d'un autre et si on le permet, lorsqu'il s'agit de races ou de nationalités, on le pourra aussi bien lorsqu'il s'agira de conflits politiques, économiques ou autres, ce serait une application des saintes alliances avec leurs effets désastreux.

Là est une des grandes difficultés du pacifisme. C'est un de ses points d'arrêt actuels.

Cependant, si l'on ne triomphe pas de cette difficulté (mais comment?) une grande partie des effets de l'idée pacifiste se trouveront détruits, car ces questions intérieures de nationalités deviennent de plus en plus fréquentes ; après s'être longtemps assoupies, elles se réveillent aujourd'hui avec la plus grande puissance.

Il ne serait besoin que d'en donner un exemple frappant en ce moment, car tous les yeux sont tournés à la fois de ce côté. Il s'agit de la guerre entre les alliés. alliés?... (Serbes, Monténégrins, Bulgares, Grecs), les quatre peuples, d'une part, et les Ottomans, de l'autre. On pourra objecter que cette guerre est entre nations indépendantes, ce qui sort de la définition que nous venons de donner, mais cela ne serait exact qu'en apparence. En effet, si ces peuples sont belligérants tous contre la Turquie, ce sont les Bulgares de Bulgarie, non pour eux-mêmes, mais pour ceux restés au pouvoir de la Turquie; de même, les Serbes à l'état de principauté, non pour eux-mêmes, mais pour leurs frères assujettis à l'Ottoman; de même, enfin les Hellènes au même titre. C'est donc en définitive pour des races soumises que la guerre se fait, et il ne s'agit point, en fin de compte, s'il y avait à intervenir, de le faire pour une querelle entre Etats simplement, mais pour une querelle entre nations sous une puissance et cette puissance elle-même, avec l'aide des congénères, ce qui est tout à fait différent. La situation est en somme celle-ci. Sous la Turquie et sa domination étroite pendant cinq siècles, sous sa demi-dépendance depuis, et enfin, partie sous sa dépendance, partie indépendantes, se tiennent certaines races ou nationalités qui attirent leurs frères encore dépendants étroitement. Que doit faire l'Europe ? S'abstenir ou intervenir pour aider celles qui lui sont congénères? Que de questions affluent ! Qu'elles sont délicates ! Qu'elles sont contingentes ! Que la justice y est balancée par l'intérêt personnel !

Nous voici en Turquie d'Europe, restons y un moment, le temps d'assister à un soulèvement général, de voir des voisins y accourir et s'y battre à leur tour, comme s'il s'agissait d'eux-mêmes. Depuis cinq siècles à peu près, les Ottomans ont abattu l'Empire d'Orient, conquis la Grèce, soumis les Bulgares venant d'ailleurs et sont entrés dans Constantinople : ils se sont élevés au nord à travers la Roumanie, jusqu'a la Hongrie, et mis le croissant à la place de la croix, Constantinople est devenu leur Stamboul, les Musulmans ont dompté les chrétiens, le fer et le feu ont scellé ; il n'est resté pour les vaincus que quelques brins d'herbe non dévastée, quelques brins de foi non extirpée, une haine impuissante et le lointain souvenir de la gloire antique. Les vaincus d'antan furent pourtant nombreux. Grecs, Monténégrins, Serbes, Bulgares, Albanais, quelques uns de ces derniers devenus Ottomans eux-mêmes par une sorte de métamorphisme. Le joug est inflexible, mais peu à peu le vainqueur s'amollit, les vaincus osent. D'abord le malheur, loin de les réunir, les avait divisés, mais plus tard il les unit. Chose curieuse ! Nous verrons que plus tard encore la victoire commune les aura désunis de nouveau, du moins en partie. Il se forge de l'intérêt commun un lien étroit et voilà que peu à peu les révoltés réussissent. Les Etats européens les favorisent d'abord, et voici surgir en partie seulement la Grèce. puis la Bulgarie, la Serbie, au moyen, tantôt de l'aide, tantôt de l'indifférence des Occidentaux. Mais ce ne sont que des membres des peuples qu'on crut morts et qui n'étaient qu'endormis, leurs corps veulent se lever tout entiers.

Nous sommes en 1912 et 1913. La guerre éclate acharnée. Les insurgés, semblent-ils, vont dominer tous les obstacles. Il leur faudrait un peu de secours seulement. Il semble qu'il va venir. Car, du dehors, il y en a encore d'autres de même race qu'eux-mêmes, d'abord tous les Russes qui, comme eux, sont des Slaves, puis beaucoup d'Autrichiens qui, comme eux, sont des Slaves aussi. Avec ces auxiliaires, ces Slaves du dehors, ceux du dedans vont l'emporter sans peine, cette guerre ne sera qu'un jeu. Ce n'est pas tout, l'Europe dans son ensemble va être intéressée à pacifier. En effet, il ne faut pas que sur ce terrain qui excite la convoitise de tous, aucun l'emporte. Chacun va-t-il se départir de son immobilité ordinaire ? Pour que nul ne prenne une part supérieure à celle des autres, ils vont faire cette fois, contre leur habitude, œuvre de justice. Tous vont s'abstenir de leur ambition, dans ce but même, ils favoriseront leurs frères chrétiens contre les Musulmans. Avec l'autonomie triomphante de ces frères révoltés, le danger du partage sera lui-même conjuré. Quoi de plus proportionnel et de plus juste ?

Eh bien, c'est tout le contraire qui advient et pour cause. Faisons le dénombrement des autres nations. Quel devrait être leur objectif s'il n'y avait pas d'obstacles ? L'établissement dans ce pays, d'un Etat ou d'une confédération viable et durable, sans guerre et sans prédominance exclusive de personne. Ce ne peut être ce que les Etats balkaniques et la Russie peuvent désirer a la fois. La Russie, en effet, arbore le panslavisme, c'est-à-dire la confiscation de tous les Slaves au profit d'une seule nation, elle-même. Elle en a déjà donné des preuves, et des preuves sanglantes. Elle a absorbé, mieux, dévoré un autre de ses frères, le Polonais, et on sait comment l'ordre a régné à Varsovie : il régnerait sans doute ainsi partout ailleurs, si les autres frères n'étaient prévenus du sort qui les attendrait. La Bessarabie a été déjà engloutie au sud, le reste suivrait sans doute peu à peu et en y mettant les formes sympathiques, mais Serbie et Bulgarie finiraient par ne plus être que ses provinces. A quoi bon alors chasser le Turc ! La Russie, il est vrai, est orthodoxe, mais cette fois la question est plus vitale qu'une liturgique ne le serait. Il faut donc bien que le panslavisme recule. Mais alors voici à son tour le pangermanisme. Il s'agit cette fois de l'Autriche, c'est sans doute alors un empire bien intentionné, car il continue d'être plus slave que la Russie, et c'est là d'un bon Germain. L'affinité de race entre ses propres Slaves et ceux de la Turquie va devenir un déterminant pour voler au secours de ceux-là qui en seront reconnaissants. Profonde erreur ! Nous verrons à l'instant que l'Autriche est aussi déchirée par les mouvements désordonnés des Slaves qu'elle contient que peut l'être la Turquie elle-même par les mêmes qui l'habitent, et les siens y tiennent une situation aussi sacrifiée que les autres. Nous détaillerons cela tout à l'heure. Il vaut presque autant être Slave de Turquie que Slave de Hongrie ou d'Autriche ! Mais il existe un fait plus grave. L'Autriche, lors du fameux démembrement, avait pris une bonne part de la Pologne, elle ne l'a pas encore rendue et ne la rendra jamais ; au contraire, en ce moment, elle la germanise, comme le fait le Prussien de son côté. Les Slaves sont des conquis, des victimes, en Autriche comme en Turquie. On comprend donc comment cette puissance ne veut pas soutenir les Slaves insurgés chez ses voisins, car ils deviendraient, sans doute, aussitôt après, insurgés chez elle-même.

Aussi que faisait-elle hier ? Que fait-elle aujourd'hui ? Malgré le grand principe de non intervention qu'on n'invoque que lorsque tel est l'intérêt, elle intervient. Elle le fait brutalement, d'abord en interdisant aux alliés, de quel droit ? d'avoir une vue, une seule sur l'Adriatique, comme si la nature n'avait donné cette mer qu'à elle-même, puis en mobilisant son armée comme menace perpétuelle, enfin en excitant les Albanais à faire valoir, de façon très intransigeante, leurs intérêts propres, tellement que les alliés bulgares et autres en sont devenus très empêchés et paralysés vis-à-vis de l'ennemi commun.

Qu'importerait désormais si les alliés avaient toute liberté vis-à-vis des autres puissances de l'Europe, même de la France, de l'Allemagne et de l'Angleterre ? N'ont-ils pas de près des pièges tendus de toutes parts ?

Il y en a même de petits que nous avons oubliés. Par exemple, ceux qui leur viennent de la Roumanie, ainsi que de l'Albanie, tout à l'heure citée. Nous comprenons que la Roumanie désire s'étendre à son tour, et s'annexer ceux de ses coreligionnaires qui sont sur le territoire turc, sans compter qu'ils en ont d'autres sur le territoire autrichien. Mais les Roumains ne s'occupent que des premiers. Ils pourraient alors les revendiquer sur les Turcs, sur les Autrichiens ? Nullement.

C'est sur les Bulgares qu'ils le font, et cela d'avance, comme si ceux-ci les possédaient de façon définitive. Ils font ainsi l'affaire, non de leurs frères, mais de leurs ennemis, les Turcs eux-mêmes.

Tel est l'état actuel de la Turquie d'Europe. On sait quelle intransigeance les Ottomans ont montrée à la conférence de Londres. Cependant la question ethnique ne se pose pas seulement dans cette partie de leur empire, elle le fait aussi, mais éventuellement, dans la Turquie d'Asie. Il s'agit de l'Arménie. On sait de quels massacres elle a été le théâtre, il y a quelques années, aussi bien que la Macédoine en Europe. On comprend qu'elle aussi elle n'attend que l'occasion de se révolter et avec elle une partie de l'Asie. Cette nouvelle question se posera devant l'Europe, comme la précédente. Qu'en fera-t-elle ?

Il faut ajouter que l'immixtion de l'Autriche dans la question balkanique n'a pas seulement pour but sa défense personnelle. En effet, le jour où la confédération balkanique sera formée, qui nous dit que les populations slaves de l'Autriche ne se décideront pas à suivre l'exemple et à se former, aussi elles, en confédération indépendante, qui même pourrait se réunir à celles du sud, ce qu'il faut à tout prix empêcher. Mais l'Autriche eprouve, en outre, autant l'envie que la crainte. Elle a déjà pris, pêchant en eau trouble, la Bosnie et l'Herzégovine ; l'Albanie ne lui déplairait sans doute pas, et quelque autre morceau de choix, et la situation l'a rendue friande.

La Turquie va se débattre, de pis en pis et de plus en plus, entre toutes ces compétitions et on va dévorer sa chair, tout en lui laissant pour quelque temps encore son squelette, c'est ainsi que certains parasites opèrent, et même quand ils s'aperçoivent que leur œuvre va devenir trop complète, ils la suspendent, laissent les chairs se renourrir et reviennent à la curée qui peut ainsi durer longtemps. C'est ce que ces jours derniers semble audacieusement inaugurer l'Allemagne.

Cependant, dira-t-on, voici maintenant la paix faite ou sur le point de se faire, et chaque nationalité a reconnu ses frontières naturelles et historiques. Sans doute, mais après quelle effusion de sang, dans le pays même, quel danger de guerre pour l'ensemble de l'Europe, quelle haine acquise entre insurgés triomphants, quelle rivalité entre eux, quelle ambition vers Constantinople ! Ce n'est qu'une trêve ethnique dans l'histoire, le feu couve sous la cendre !

Si la Turquie était une exception, malgré la gravité, elle pourrait être négligée dans l'ensemble, mais voyons comment la même situation se reproduit ailleurs bien souvent.

Il s'agit de sa voisine immédiate, ou plutôt de ses deux voisines, l'Autriche et la Hongrie, envisagées maintenant à l'intérieur ; d'abord par opposition l'une à l'autre. On sait combien ces deux pays étaient liés indissolublement pendant une période de l'histoire, mais ils étaient de races essentiellement différentes. La séparation s'est opérée par une sorte de révolution interne d'abord, tout le monde se rémémore à ce sujet le nom de Kossuth. Maintenant ils ne tiennent plus ensemble que par un fil qu'on appelle l'union personnelle, ils sont sur le pied de l'égalité, mais, lorsque la liaison réelle régnait, puis s'affaiblissait, qui aurait osé intervenir entre eux ? Aucun pacifiste, surtout aucun des Etats étrangers. Maintenant la lutte intérieure s'est déplacée. C'est chacun de ces pays qui renferme à l'intérieur des races différentes. En Autriche, proprement dite, on trouve moins d'Autrichiens, lisez : d'Allemands, que d'hétérogènes, à savoir : sur 23.473.000, seulement 8.461.580 Allemands, environ le tiers, puis 209.110 Roumains , 675.305 Italiens ou Latins, 8.139 Magyars, et le reste, tous des Slaves, à savoir : 3.719.232 Polonais ; 5.472.871 Bohèmes, Moraves et Slovaques, 3.105.221 Ruthènes, 644.926 Serbes et Croates, 1.176.672 Slovènes. La partie slave l'emporte donc de beaucoup, quoique subalternisée. Il y a menace incessante de dislocation, et celle-ci peut s'accomplir par la guerre civile. Au Parlement, toutes ces races sont représentées ; chacune a le droit de s'exprimer en sa propre langue, et souvent ce n'est pas seulement l'accent étranger, mais l'injure qui est à la bouche, comme seule arme encore permise, mais qui en fait prévoir d'autres. Le jour où il en sera ainsi, quel pourrait être le rôle des autres puissances ? La femme de Sganarelle voulait être battue. Il en serait ainsi pour ces races, surtout avec l'espoir de battre elles-mêmes à leur tour. De son côté, il en serait de même de la Hongrie, l'élement slave, l'élément roumain y sont aussi en une forte proportion. Sur la population entière, s'élevant à 17.000.000 d'habitants, il n'y a que 7 millions de Magyars, de la race dominante, le surplus s'élève à 10 millions, qui contiennent 2.592.000 Roumains, 96.000 Tziganes, 2.107.000 Allemands, et pour le reste, des Slaves, savoir 1.910.000 Slovaques et Tchèques, 383.000 Ruthènes, 2.604.000 Croates et Serbes, 95.000 Slovènes.

Nous venons d'emprunter la statistique qui précède à l'ouvrage sur les races et les nationalités de l'Autriche-Hongrie, d'Auerbach, publié en 1898 ; quoique les chiffres absolus aient pu varier, les proportions sont restées sensiblement les mêmes. En voici d'ailleurs une beaucoup plus récente, elle se trouve dans l'osterreichisches statistisches Handbuch 1903-04, v. 4 et l'Annuaire statistique hongrois, v. 18.

Il s'agit du recensement fait au 31 décembre 1910. C'est la langue maternelle qui a servi de norme.

On a opéré successivement et séparément pour l'Autriche, la Hongrie et la Croatie-Slavonie. On y a ajouté le pourcentage de chacune.

Autriche.

Allemands.......	9.170.000	35	0/0
Tchèques........	5.955 000	23	—
Polonais	4.252.000	16	—
Ruthènes........	3,381.000	13	—
Slovènes	1.192.000	4,6	—
Serbo-Croates ...	711.000	2,7	—
Italiens et Latins.	727.000	2,8	—
Roumains.......	250.000	0,9	—
	25.632.000	100	

Hongrie.

Magyars........	8.588.000	51,21	0/0
Allemands	1.980.000	11,8	—
Slovaques.......	1.991.000	11,9	—
Roumains.......	2.784.880	16,7	—
Ruthènes.......	423.000	2,5	—
Croates........	188.000	1,1	—
Serbes.........	434.000	2,6	—
	16.721.000	100	

Croatie-Slavonie.

Croates........	1.482.000	61,6	0/0
Serbes.........	607.000	25,4	—
Magyars........	90.000	3,8	—
Allemands	134.000	5,6	—
	2.400.000	100	

On voit combien ainsi qu'en Autriche, les éléments sont bigarrés, mais ce sont encore les Slaves qui dominent. Ces deux pays sont donc des mosaïques de peuples. La dispersion est telle qu'on l'a constatée surtout en matière scolaire, où les idiomes sont en jeu, un seul village nécessite parfois plusieurs écoles et l'enseignement se donne dans deux idiomes différents. On voit, si chaque race voulait reprendre, ou prendre son autonomie native, à quelle guerre civile de races ces pays seraient soumis.

Bien plus, les guerres entre les nationalités bigarrées de l'Autriche, celles de la Hongrie, celles de la Turquie d'Europe et surtout de ces nationalités contre les deux Etats politiques qui les tiennent dans leurs serres s'aggraveraient encore et deviendraient en même temps des guerres s'étendant à l'extérieur. Les Roumains, par exemple, sont en partie indépendants, mais ont des congénères dans la Turquie d'Europe, d'autres dans la Russie par la Bessarabie, d'autres dans la Hongrie par la Transylvanie, d'autres dans l'empire d'Autriche : tous ces tronçons voudraient se rejoindre comme ceux d'un annelé coupé en mille morceaux. Elle a déja songé a l'un d'eux, la Macédoine, et l'a retiré des serres de la Bulgarie.

Chacun d'eux pris à part ne peut triompher de l'Etat qui le domine : ils ne peuvent secouer le joug que par une coalition entre eux. Mais le lendemain de la victoire, il est bien à craindre qu'ils ne s'entendent plus ; c'est ce que nous voyons d'ailleurs actuellement en Turquie où le Bulgare veut massacrer le Slave jusqu'à ce qu'on lui fasse une part suffisante du gâteau, où l'Albanais préfère encore l'Ottoman, et en Autriche, où le Slave est poursuivi aussi bien par le Magyar, émancipé d'hier, que par l'ancien maître. Aussi le dominateur profite-t-il de cette situation et comme autrement il n'aurait pas assez de force, il divise pour régner.

C'est ce qui fait d'ailleurs que la question ethnique de la Turquie et celle ethnique de l'Autriche s'entrelacent, et que lorsqu'on aura résolu l'une pour le mieux, il faudra presque immédiatement résoudre l'autre, en raison d'une étroite solidarité qui tient tout l'Orient de l'Europe.

Cette solidarité, en raison de la seule existence d'une race slave dominée par des congénères où des étrangers, malgré son autonomie naturelle, vient encore s'affirmer par des antipathies qui aboutiront à leur tour ou qui ont déjà abouti. En Russie, c'est d'abord la question polonaise jamais résolue. L'ordre y règne, mais par la violence originaire. Là encore il s'agit de Slaves, seulement conquis par d'autres Slaves : les Russes, mais, comme s'ils étaient des étrangers ! La langue, la religion, la politique, y sont différentes aussi. C'est une situation légendaire, ce qui dispense d'entrer dans le détail ; si la Pologne voulait encore secouer le joug, serait-ce une guerre civile ? Oui, diraient les Russes. Non, mais une guerre étrangère, diraient les Polonais, avec plus de raison. Dans le premier cas, les nations étrangères ne pourraient intervenir pour la paix ; dans le second, elles le pourraient, si le principe pacifiste était arboré entre les peuples.

Le feraient-elle ? Peut-être, si la question polonaise n'existait qu'entre la Pologne et une seule nation. Les pacifistes pourraient stipuler, et même obtenir par la force, pour ce malheureux pays, une autonomie suffisante. Mais il ne faut pas oublier que trois serres sont enfoncées dans cette Pologne, celle de la Russie, mais aussi celle de la Prusse et celle de l'Autriche. Chacune a sa part, et si l'un le slavicise, les deux autres germanisent leurs portions. La Prusse s'y incruste même davantage, en expropriant le sol à son profit. Dès lors, si l'un intervient, on sent que d'un coup, trois puissances se soulèvent contre le pacificateur et une paix ironique régnera encore à Varsovie.

N'est-ce pas assez pour tenir longtemps l'Orient en feu, et pour, en attendant, y conserver des points d'ignition redoutables ?

Ce n'est pas tout. Sans quitter ce côté de la direction du soleil, on rencontre sur son chemin la Finlande. Tout le monde connaît la question finlandaise. Elle n'a encore été résolue que par la force venant d'en haut : elle pourrait bien le devenir par la force venant d'en bas. Mais seulement en s'appuyant sur l'alliance avec d'autres intéressés. Tant qu'elle existe, quoique ce soit sur un territoire restreint, n'empêche-t-elle pas sur le domaine russe, si l'un des intéressés s'y refuse, la paix définitive ?

Transportons-nous plus à l'Occident. Nous verrons les mêmes difficultés naître. N'existe-t-il pas en Belgique deux races bien différentes, la française et la flamande, revélées par deux langages ? En Espagne, est-ce que le mouvement provincial, surtout celui de la Catalogne, n'apparaît pas avec le caractère du séparatisme ? La même question ne s'est-elle pas elevée entre la Suède et la Norvège, mais là elle a été pacifiquement résolue et ce serait un modèle à prendre. Enfin, ce qui est plus grave, c'est la question irlandaise a l'Extrême Occident de notre Europe dont la projection serait la galloise. Aussi vive peut-être que celles vues dans l'Orient, la question celtique, en un mot, où s'agite l'élément dominant de la race, compliqué seulement par les différences de langage, de religion, d'économie politique et de caractère.

Toutes ces questions entre races diverses à l'intérieur du même peuple sont très différentes de celles entre Etats. Jusqu'à présent, le pacifisme dans sa plus large extension, ne s'est appliqué qu'à l'apaisement des querelles entre ceux-ci, c'est entre eux que les divers moyens ont été mis en usage ou proposés : arbitrages actuels ou préconstitués, intervention, tribunal international. Comment d'ailleurs intervenir entre fractions du même peuple, même quand des différences de races séparent leur bloc, sans une sorte d'indiscrétion du dehors, qui, du reste, peut avoir les plus terribles conséquences pour la paix elle-même du monde, et cependant comment obtenir celle-ci, s'il y reste toujours des foyers incandescents intérieurs ?

C'est ce que le pacifisme n'avait pas vu tout d'abord, et ce qui est de nature à arrêter ses progrès, si l'on n'en fait l'objet d'une étude et d'une application toute spéciale de l'idée de la paix, mais pour cela il faudra sans doute modifier ses procédés qui ne s'adaptent pas bien. La guerre des Balkans a été, sous ce rapport, une révélation. L'équilibre européen, qui servait de base entre Etats, se trouvant ébranlé, il faut faire entrer dans le pacifisme de nouveaux éléments. Avec les anciens, en effet, on ne pourrait le résoudre. Un obstacle surgit, la carte elle-même de l'Europe, peut-être celle des autres parties du monde. Mais, c'est surtout celle-là, créée par la force seule, qu'il faudrait surmonter avant tout, sans quoi aucune stabilité n'est possible, malgré l'apparence lisse du volcan, il s'ouvrira partout de nouveaux cratères, venus de l'intérieur, où l'on ne pourra entrer pour éteindre.

Il semble, au premier abord, que cette réfection préalable soit impossible et que la pacification ne puisse se faire qu'entre Etats dans leur constitution actuelle, sous peine, ce qui est défendu, de pénétrer dans le ménage intérieur de chaque peuple. Cependant on sent que cela pourrait empêcher tout l'effet bienfaisant de la nouvelle doctrine, précisément parce que celle-ci se place dans l'état actuel, en dehors et au-dessus de cette suprême compétence.

De même, si la contiguïté a réuni des races totalement différentes dans le même Etat, et si ces races sont d'autant plus antipathiques que, comme dans la répulsion électrique, ce sont les électricités contraires qui viennent à se toucher, s'exaspèrent par ce contact, de même, s'il s'agit d'une race unique, mais dont une partie quitte le sol natal, sans esprit de retour, et perdu tout de suite, ou peu à peu, la distance a causé une rupture désormais irréparable, quels que soient les efforts de la race-souche, pour conserver sur l'autre, malgré la distance, sa suprématie. C'est le cas de la colonie. Tout d'abord, elle rompt violemment avec la métropole, et il y a désormais deux Etats distincts qui n'auront enfin rien de commun. Le résultat sera la création de nouveaux Etats autonomes, ce qui entraînera de nouveaux conflits.

Enfin, sans quitter le point de vue ethnique tout à fait, mais en le combinant avec le géographique, parfois non moins important, deux races, au fond tout à fait contraires, auront contracté à travers les siècles un lien véritable, quoiqu'elles soient hétérogènes entre elles, les montagnes les auront renfermées dans le même bassin, les fleuves dans le même courant, les rivages près de la même mer, le soleil sous la même chaleur, la flore et la faune dans les mêmes ressources ; il faudra bien qu'elles se résignent à ce mariage forcé que la géographie leur impose, et qu'elles conviennent des conditions de cette union.

Il y a là trois situations qui n'ont pas été le moindrement prévues par les pacifistes, il s'agit d'abord de celui, non plus entre Etats différents et autonomes, mais entre races différentes du même Etat. Nous verrons comment, quand cette question imprevue vient à naître, les principes et moyens ordinaires ne peuvent s'y appliquer. Il en résulte des situations à régler par le pacifisme, si triomphant cependant, ou plutôt si présomptueux, savoir : la guerre entre deux races contraires, sises sur le même territoire, et dont l'une domine l'autre, celle entre les parties d'une même race, séparées par la colonisation pour toujours, enfin celle entre races qu'une unité géographique réunit dans un cercle infranchissable.

En outre, cette situation, cause de guerres ethniques, est à double face, il s'agit à la fois des querelles des nations dominées vis-à-vis d'une dominante et de celle de ces nations opprimées entre elles. La dualité de ces deux rapports nous a été violemment révélée par la guerre balkanique actuelle où la lutte de la Bulgarie contre la Turquie a été doublée de celle entre la Bulgarie et la Serbie, ces deux frères qui, après avoir combattu ensemble et héroïquement, se sont retournés l'un contre l'autre par un instinct fratricide.

Tout cela constitue la guerre interethnique, ce fait nouveau dans le pacifisme. Faut-il rappeler qu'il existe encore des étages inférieurs ? Il s'agit d'abord des querelles à main armée entre les diverses provinces, soit pour des intérêts matériels, économiques, comme nous l'avons vu récemment chez nous, entre le Nord et le Midi pour la question viticole, entre l'Aube et la Marne pour la même, soit pour des convictions religieuses, comme celles de la

Vendée, sous la première république, soit pour des questions d'autonomie provinciale sans plus, comme lors de la commune de Paris ou des troubles de Barcelone. A tout cela les remèdes proposés par les pacifistes ne s'appliquent pas non plus, car il n'y a pas de personne organique qui pourrait les adopter.

Enfin, plus bas encore, la guerre vient entre deux familles, car tous les Capulets et tous les Montaigus n'ont pas encore disparu. Elle surgit entre individus. Le duel, la vendetta, le lynchage, en sont les manifestations toujours vivantes ; à elles aussi le pacifisme devrait s'appliquer. Les ligues contre le duel commencent à se former, mais elles ne sont pas classées dans le pacifisme proprement dit.

En réalité, la doctrine du pacifisme devrait s'appliquer à tous ces degrés, elle ne le fait pas, on devrait l'y étendre. Cela est d'autant plus nécessaire que, sans cette extension, elle manque forcément même des buts supérieurs et directs. Voici, par exemple, celui que nous voudrions établir : l'interethnique. Il consiste essentiellement à ce que dans un même Etat, si une race se révolte contre une autre dominante, on doit trouver entre elles un moyen de pacification.

Mais, si on ne le trouve pas, cet échec ne se fera pas sentir seulement sur la question inter-ethnique elle-même, cela produira aussi son trouble dans la question internationale, sinon en théorie, du moins, en pratique certaine. Ce qui se passe en ce moment en Orient en est la preuve. Est-ce que les puissances étrangères y ont assisté impassibles ? Pas le moins du monde. On craignait à chaque instant qu'elles n'en vinssent aux mains. L'Autriche et la Russie grondaient chacune de leur côté en se regardant, la première surtout lors de la prise de Scutari par les Monténégrins. N'avait-elle pas dès auparavant confisqué l'Herzégovine et la Bosnie et on l'entendait toujours aiguiser ses dents.

Telle est la solidarité constante entre la guerre étrangère et la guerre intérieure ethnique.

Sans doute, les moyens proposés par les pacifistes pour empêcher la guerre entre les Etats sont bien faibles, le pacifisme, loin d'être en pleine floraison, comme le prétendent ses protagonistes, n'a encore que des amorces, mais celui pour calmer la guerre entre les races n'en a même pas, et pour tout effort, on se borne à omettre la question, comme si elle n'existait jamais.

Non seulement elle existe, autant que l'autre, mais aujourd'hui elle éclate, il importe donc de chercher de suite les moyens de la

résoudre dans le sens de la paix. C'est ce que nous allons essayer
de faire

II

Nous venons d'indiquer les obstacles a la paix, même entre nations,
résultant tant de la difficulté des moyens d'y parvenir que du trouble
nouveau qu'y apporte la question ethnique ; obstacles qui semblent
n'avoir pas été prévus par nos pacifistes, ou dont, tout au moins, ils
n'ont tenu aucun compte, oublieux de ce principe qu'il ne faut pas
nier ou taire les difficultés, surtout celles majeures, mais s'efforcer
de les surmonter. Ils ont fait le contraire, surtout en ne s'occupant
que des Etats autonomes en politique ordinaire, ils ont négligé tout
le reste et n'ont entrepris que le plus commode et le seul direct.
Que dis-je ? le plus commode ! Il faudrait dire : le moins incom-
mode. Car la suppression de toute guerre internationale a été par
eux supposée, plutôt qu'instaurée. Ils ont employé pour cela des
moyens très parfaits, comme l'installation d'un tribunal arbitral
pour tous, entre nations petites et grandes, armées et non armées,
mais nullement pratiques. Les petits peuples leur ont fait risette,
mais les grands se sont contentés d'un peu de politesse, plutôt
ironique. L'Allemagne n'a pas désarmé, encore moins rendu
l'Alsace et la Lorraine, elle s'est contentée de leur réclamer d'un ton
plutôt menaçant, une bonne tranche du Congo, en leur donnant
par réciprocité, l'affectation un peu tapageuse du Maroc. On n'est
allé pour cela, ni à La Haye, ni au congrès d'Algésiras de nouveau.
L'Angleterre a construit de nouveaux dreadnoughts. Nous avons
médité l'aviation militaire, tandis que l'Italie s'est mise à dépecer sa
proie tripolitaine. Quant aux alliés des Balkans, ils n'ont pas plus
songé que les Turcs à faire pour leur plaisir le voyage de La Haye.
Cependant les pacifistes ne se sont pas découragés pour si peu et ont
toujours prétendu qu'une autre fois leurs moyens seraient excellents.
Pourquoi ne l'ont-ils pas été aujourd'hui ? Voila ce qu'il importerait
de savoir ! C'était pourtant facile. Tant qu'il y aura des grandes
nations et des petites, les premières risquent de dévorer les secondes,
comme les loups tentés en présence des moutons, mais surtout
en cette présence, elles feront le geste fréquent d'enfoncer leurs crocs
dans la chair, et en attendant ce jour-là, de les montrer. Que leur im
porte qu'à La Haye il existe une cour desarmée et sans force qui

leur prêche les bienfaits de la paix, ainsi qu'un Palais luxueux bâti en principe ! Elles sont trop grandes pour l'écouter, ce n'est qu'aux petits qu'on parle de Croquemitaine. Mais un vaste éclat de rire répondra quand on leur dira que sans regarder son voisin, il faut désarmer tout de suite. Cependant, la paix entre Etats est désirable, et est, sans doute, possible, seulement par des moyens différents, suivant nous, de ceux qui ont été proposés.

Mais, il s'agit maintenant de tout autre chose, de la guerre entre races dans un même Etat. Nous avons indiqué plus haut qu'elle entraîne souvent celle entre les Etats eux-mêmes. Quelle en est la portée ? N'a-t-elle pas assez de force pour troubler le concert européen que l'on suppose établi ? N'est-elle pas, non un simple résidu, mais une accumulation formidable des iniquités de l'histoire ? N'a-t-elle pas conservé aujourd'hui toute sa force menaçante qui un jour ou l'autre partout éclatera ? Ne serait-il pas possible cependant de la pacifier comme l'autre ?

C'est en tout cas plus difficile. En effet, d'Etat à Etat, entre nations entièrement organisées, se gouvernant et raisonnant plutôt par intérêt que par passion, il est possible de convaincre des maux de la guerre, des avantages de la paix. Elles peuvent risquer des traités qu'elles observent quelque temps, soumettre des affaires de médiocre importance à un tribunal commun, s'abstenir de dévorer les petits, non par bonté, ni par pitié, mais pour qu'un autre grand Etat n'en dévore pas à son tour un autre, c'est ce qu'on appelle l'équilibre européen, pareil à l'équilibre que dans la haute école on obtient dans les cirques, et entre eux se contenter, par peur, bien entendu, de rugir et de grincer des dents d'une façon déshonnète. Sans doute, il y faudra l'effort, peut-être, d'un siècle tout entier, mais on parviendra, surtout si l'on emploie un moyen perfectionné, sur lequel nous nous expliquerons aussi.

Mais comment faire entendre raison à des races qui, non seulement sont inégales entre elles, comme cela arrive, entre certaines nations, mais qui sont déjà soumises l'une à l'autre, si bien que celle inférieure, lorsqu'elle se révolte, n'est même pas une belligérante, mais qu'on a le droit de la traiter comme une révoltée, une rebelle, laquelle ne possède aucun droit, même celui de se battre, mais en définitive, ne serait justiciable que des tribunaux de son pays, pour qui ces faits d'armes sont de simples meurtres. Il semble qu'il n'y a de raison raisonnable qu'entre les pairs, entre les êtres distincts organisés, et non de la part d'une masse inférieure contre ses supérieurs. Il n'existe entre ces combattants que la voie de fait. Si la race dominante est plus forte, elle entraînera l'autre avec toutes les formes, au moins apparentes, de justice ; si c'est la race inférieure, elle périra sans autre forme de procès. Le seul tribunal alors possible, c'est le Conseil de guerre qui ne concilie pas entre le supérieur et l'inférieur en litige. Il ne peut plus y avoir de juge hiérarchique sur les deux parties. Le seul juge, c'est le canon, et, dès lors, que devient le pacifisme ? En tout cas, les moyens préconisés entre Etats différents, l'arbitrage convenu, l'intervention d'un ami, le tribunal supérieur et commun, le fédéralisme des Etats, font complètement défaut. Il faut inventer autre chose. Quel moyen nouveau et approprié peut-on découvrir ?

Le cas est embarrassant. C'est celui que nous allons examiner. En attendant, voyons comment, en présence d'une telle situation, se comportent les pacifistes, ceux qui font la guerre à la guerre.

Ils sont complètement en défaut. Ils le sont tellement, et dans leurs revues on a pu constater leur attitude, on l'a pu notamment a propos de la question balkanique, qu'ils trouvent plus simple de refuser tous droits aux races opprimées, comme étant ceux de trouble-fêtes dans le concert général supposé ou voulu, et se plaignent de leur plainte, bien plus que des maux que ceux-ci ont soufferts. Cependant, ils ne cessent pas d'être réellement pacifistes, mais seulement au premier degré, pour ainsi dire, c'est-à-dire entre supérieurs, entre égaux au point de vue du droit, entre Etats souverains ; mais ils ne le sont plus à un degré ultérieur, c'est-à-dire entre race supérieure et race inférieure dans le même Etat, ce qu'ils trouvent bien différent. Même il y a là pour eux un obstacle nouveau a la paix entre nations par l'arrivée de ces intrus qui ne veulent pas se contenter de la paix de surface, laquelle empêche bien les canons de se répondre, mais n'empêche pas chacun de massacrer autour de lui.

Quant à nous, nous n'admettons pas une telle limite, c'est partout que la loi du sang versé entre humains doit être supprimée, et que la paix absolue doit régner, aussi bien entre races qu'entre Etats, aussi bien entre individus qu'entre races.

Quelle que soit d'ailleurs la cause qui a, soit réuni géographiquement plusieurs races, soit fractionné en plusieurs tronçons une race d'abord unique, ou celle qui a accumulé les races différentes sur un seul point, par l'effet des événements de l'histoire, il n'en est pas moins nécessaire de conserver ou d'établir la paix entre ces races ou ces fractions de la même.

Mais il faudrait trouver les moyens d'obtenir cette paix nouvelle, soit par les mêmes procédés, soit par des procédés spéciaux à ce adaptés.

Cette recherche est plus ou moins urgente, suivant que la guerre possible entre ces races est plus ou moins à craindre, ce que le passé nous enseigne, aussi bien que le présent, suivant aussi que ces races sont plus ou moins importantes et persistantes, et que leurs motifs d'animosité sont plus grands, enfin suivant que d'autres nations, malgré le principe de leur intervention prochaine, ont plus ou moins d'intérêt à intervenir.

Ce n'est qu'après cet examen préalable de l'état passé et de l'état présent, que nous nous tournerons vers l'avenir, c'est à-dire vers les conclusions.

Il ne faut pas oublier que le contact entre les races et leur autonomie mutuelle a lieu à divers degrés. Il peut y avoir une différence ethnique complète, se caractérisant par une divergence totale de langage, de religion, de régime politique, ou bien seulement une simple variété, se traduisant par les dialectes, les mœurs, les coutumes locales et constituant le provincialisme, n'aboutissant qu'à une autonomie relative. Nous rencontrerons cette distinction sur notre chemin. Enfin, l'histoire a pu créer pour deux races une situation moins distante et intermédiaire entre les autres, qui aboutit au régionalisme, ce dernier cependant plutôt économique.

Nous parcourrons rapidement ce qui concerne la scission d'une race, la colonisation ainsi que l'association forcée de deux races en vertu de l'enclave géographique, pour nous cantonner surtout dans le plus important, dans l'état actuel du monde, à savoir : dans la domination d'une race ou de plusieurs par un autre résultant des conquêtes ou des événements divers plus ou moins brutaux de l'his-toire. Nous chercherons ensuite les remèdes, c'est-à-dire les moyens de la paix.

1° *Scission d'une race par la colonisation.*

Depuis les découvertes des premiers navigateurs et de plus en plus, il est notoire que les peuples civilisés ont cherché à envoyer une partie de leur concitoyens sur une terre éloignée non habitée, ou ne l'étant que par des populations sauvages, pour se procurer de nouvelles ressources, et dans ce but, soit en chasser les habitants, soit en faire à leur profit des travailleurs forcés. Quelquefois même ils ont fait venir de gré ou de force des ouvriers, non de chez eux, mais de toutes les autres régions du monde. C'est la colonisation, avec ou sans l'esclavage.

Il est inutile d'en décrire les diverses sortes et les vicissitudes. Cependant notons qu'il y a plusieurs classes de colonies. On distingue d'ordinaire celles de peuplement, où une fraction, plus ou moins importante, d'une nation se transporte au loin pour y définitivement habiter, et moyennant son travail, en recueillir elle-même les fruits ; alors ce qui s'accomplit dans la race émigrante, c'est une sorte de scissiparité. Ces émigrants fondateurs contraignent les indigènes à leur collaborer, ou ils les chassent. Mais il existe aussi la colonie d'exploitation, fort distincte de l'autre. On n'envoie qu'un nombre limité de civilisés, en général, des commerçants, appuyés par une faible force armée pour contenir les indigènes, ils pompent les richesses du pays, en profitent ou les envoient à la mère-patrie. Par contre, mais fort accessoirement, ils procurent un peu de civilisation aux indigènes, mais répriment souvent cruellement toutes révoltes. Enfin, les deux buts se réunissent : peuplement, exploitation ; les immigrés vont entrer en contact durable avec les non-civilisés, les gouverner, parfois s'allier à eux, leur donner ou leur refuser une certaine liberté, en faire des amis ou de simples exploités.

Des rapports directs vont dans ces trois cas s'établir entre l'immigrant en nombre, l'Etat colonisateur et la masse de la race indigène : race contre race. Que va-t-il en résulter ? Plusieurs causes de conflit, de massacre, de guerre, suivant les cas et avec différentes personnes. C'est tout d'abord une lutte presque toujours entre le colonisateur et le colonisé. Cette lutte est généralement cruelle, elle est même inhumaine. Qui n'a vu comment s'est faite la conquête du nouveau monde par les Espagnols ? Si Colomb eut pu le prévoir, il serait peut-être revenu au plus vite. La conquête du Mexique, celle du Pérou, ont été, non des guerres, mais des massacres, où des peuples sans défense n'ont pu résister et ont été égorgés en masse, pour être ensuite réduits en esclavage avec des raffinements de cruauté, puis, comme si cette oppression sans limites ne suffisait pas, les vainqueurs allèrent chercher chez les noirs de l'Afrique des travailleurs encore plus maltraités. Dans la même partie du monde, la guerre civile éclatera plus tard aux Etats-Unis sur la même question, celle de l'esclavage. Qui ne sait que l'Angletterre a pratiqué de par le monde un système non identique, mais cruel aussi, par exemple, en Australie, l'expulsion des indigènes qui dans le désert ne pouvaient que périr? Dans d'autres pays, faut-il rappeler qu'on a transplanté même des civilisés pour s'emparer seulement de leurs terres, de leurs biens, de leur nationalité aussi? C'est ce qui arriva aux Hébreux transportés à Babylone et plus tard dispersés; aux Polonais atteints par l'expropriation en masse de leur sol; aux Irlandais, aux Puritains dépossédés, de nos jours, qui sont allés peupler les Etats-Unis, aux protestants après l'édit de Nantes refoulés en Prusse

Quelqu'en ait été le motif à différentes époques de l'histoire, une partie importante d'un Etat civilisé s'est transportée, en général, au delà des mers, pour fonder des colonies et s'est trouvée en face d'indigènes. Le plus souvent elle s'est réunie en nombre. Mais il n'en a pas été toujours ainsi. En raison de sa civilisation supérieure, elle n'a pu n'envoyer que quelques-uns des siens; la pénétration a été alors incomplète, mais l'autorité a été suffisante pour tirer tous les avantages du pays. C'est ce qui arrive pour les Anglais, en Australie, en Nouvelle Zélande, et surtout dans l'Inde.

De la colonisation sont nés des rapports spéciaux entre les races, d'une part, immigrants et indigènes, les fractions d'une même race, d'autre part, mère-patrie et colonie, enfin entre différents Etats, car ceux-ci ont pu jalouser les colonies fondées et chercher à se les arracher par la force. De là trois sortes nouvelles de guerre: celle entre les colons et les indigènes, celle entre la mère-patrie et la colonie, celle entre les divers colonisateurs.

C'est de ces trois guerres dont l'importance est extrême que jusqu'à présent les pacifistes ne se sont guère occupés. Elles ont pourtant été fréquentes et plusieurs ont donné les exemples les plus frappants de la cruauté humaine.

Nous n'avons à traiter plus particulièrement en ce moment que de celles entre la mère-patrie et la colonie, puisqu'il s'agit de conflits entre fractions de la même race, mais le tout est commun, et d'ailleurs le surplus reviendrait un peu plus loin, il vaut mieux ne pas diviser.

Ce que nous venons de dire au sujet des guerres entre colons et indigènes suffirait. En raison de la différence de civilisation, ce n'est pas une guerre, c'est un massacre pur et simple, qui n'est tempéré que par l'humanité intermittente du colon. On accuse les Anglais sous ce rapport d'être plus inhumains, les Français seraient plus

en est la preuve et cette compétition aboutirait facilement à des
guerres entre Etats européens.

Dans ce compartiment du pacifisme, les moyens ordinaires préconisés par les pacifistes pourraient encore être employés plus facilement peut-être que dans le pacifisme international proprement
dit. S'il s'agit, par exemple, des rapports entre colonisateurs et
colonisés, les plaintes de ces derniers pourraient être portées à un
tribunal international supérieur qui prescrirait toutes les mesures
d'humanité nécessaires, sous les mêmes sanctions que le tribunal
international ordinaire. Il en serait de même en cas de conflits
entre les Etats colonisateurs, ou entre la métropole et la colonie.
Ici n'existe point le même obstacle qu'entre la race contenue depuis
longtemps par une autre dans le même Etat et qui se trouve sous
son pouvoir.

2° *Réunion de deux races enclavées réciproquement.*

Ce second cas est moins fréquent dans l'état actuel. Il est géographique. Le sol et la race s'opposent l'un à l'autre, comme deux
éléments contraires. La distribution des mers, des fleuves et des
montagnes, aidée ou troublée par celle des migrations, ont tellement
mis, pour ainsi dire, dans le même tiroir les races les plus dissem-
blables qu'elles voudraient en sortir, et que, ne le pouvant, elles
voudraient se chasser les unes les autres. Elles ont fondé des Etats
complets, quoique petits, qui ne se comprennent pas entre eux, ne
parlant même pas la même langue. Elles n'ont, ni la même religion, ni les mêmes mœurs, ni les mêmes professions. L'une d'ailleurs habite la vallée et l'autre la montagne. Il leur faudra ou
s'exterminer ou s'entendre. La guerre toujours ou la paix perpétuelle! Ce sera d'abord la guerre, celle plus cruelle de commune à
commune, presque de maison à maison, car le mélange est parfois
tel que dans une ville ou un village, les races s'entrecroisent. Chacun voudra son école aussi bien que la conservation de son idiome
et de son église. Ce mélange intime, ce qui est fort extraordinaire,
pas plus que dans le monde physique, n'équivaut à une combi-
naison. Les familles, les individus mêmes, vivent et restent
séparés dans leur substance, comme le font les grains de blé
séparés dans le même boisseau. L'exemple frappant en est donné
dans certaines parties de l'Autriche, la Bohême, par exemple, où

non seulement tel village est tchèque, et tout à côté, tel autre est
allemand, mais où dans le même des Allemands restent juxta-
posés, parlant deux langues différentes, pratiquant deux religions
presque hostiles; chacune réclame une école distincte, rejette même
une école mixte, où il aurait une part égale. De même, en plein
Parlement, comme nous l'avons dit, il faut entendre plusieurs différents langages ou dialectes.

Mais ce n'est pas précisément le cas dont nous nous occupons en
ce moment. Il ne s'agit pas de celui où les races ont été juxtaposées
par l'histoire, même de celui où elles se sont pénétrées plus ou
moins intimement, mais de celui où la géographie, par ses lois spé-
ciales, les a, pour ainsi dire, enfermées ensemble, sans que l'une
d'elles puisse briser le moule commun, sous peine de se chercher
péniblement une autre place dans le vaste monde. Alors il faudrait
sortir de sa ceinture de montagnes ou de sa ceinture d'océans pour
aller chercher fortune, mais cette nation trouverait la place déjà
prise par de plus forts et pourrait être exterminée. Elle ne s'y
essaiera pas. Il faudra, si la population hostile est surabondante,
chercher à expulser et envoyer périr ailleurs ceux qui ne sont pas
les siens, mais alors et pour ce faire, on rencontrerait une énergique
résistance. De là, des guerres incessantes, et tel est le procédé, en
effet, que nous montre souvent l'histoire. Il n'est même pas besoin
que les races soient absolument différentes. Dans la Grèce antique,
Hellènes et Pélasges sont renfermés dans un trop étroit espace,
c'est la guerre de Troyes. Les Hellènes eux-mêmes sont Doriens ou
Ioniens, c'est alors une rivalité entre Sparte et Athènes, d'où la
guerre du Péloponèse. En Espagne, la nature a créé une région su-
perbe, celle des Pyrénées, un peuple isolé l'habite, celui des Basques,
il maintient longtemps son indépendance sur ses sommets, prêt à
guerroyer avec le voisin dont la géographie a fait un menaçant intrus.
La Grande-Bretagne a été entourée de mers, ces mers tiennent
ensuite dans leur cercle tous les peuples qui y ont abordé, elles les
compriment l'un contre l'autre, d'abord deux races : la germanique,
la celtique, et pendant des siècles c'est une guerre de massacres. On
compte trois principautés autonomes : Angleterre, Ecosse et Irlande,
sans compter Galles au sud. Alors les trois se partageront le sol,
s'uniront, ou l'une confisquera toutes les autres. C'est ce dernier
résultat qui a eu lieu ; c'est le contraire qui aurait pu se produire.
L'Irlandais individuel n'a pu échapper à cette domination qu'en
franchissant l'obstacle de l'Océan et en allant se refugier aux Etats-

Unis ; déja de longs siècles auparavant, d'autres Celtes s'étaient refugiés en Armorique. Mais la compression suivie d'écrasement n'avait pas été complète, car la géographie ne décide pas seule, ce sont aussi l'histoire, l'anthropologie, la religion, l'économique, la politique qui viennent prendre part à ce débat vital.

Aussi les résultats ont-ils été ici et là fort différents. Quelquefois le sol a triomphé des races, quelquefois les races sont restées réfractaires à la conjonction voulue par la géographie. Sol et sang sont souvent pour la nation à former ou à réformer des éléments contraires. Mais c'est principalement dans les pays étroits le sol qui l'a emporté ; dans son puissant creuset, il n'a pas fondu les races, chacune reste distincte, mais il les a soudées, sinon tout à fait immédiatement, au moins, peu à peu, et il en a fait, pour ainsi dire, un Etat à plusieurs têtes, sans cependant que, dans ce corps unique, il y ait désormais aucun tiraillement. Le plus parfait modèle de cette union intime des plus rares est fourni par la Suisse. Il y existe quatre peuples hétérogènes, des Français, des Allemands, des Italiens, des Grisons. Chacun parle sa langue ; chacun avait, jusqu'en ces derniers temps, conservé ses lois propres. Les religions aussi sont différentes. Les coutumes, l'économique, la politique, au contraire, se ressemblent. Il est curieux de voir comment l'Océan et la Manche ont, dans le Royaume-Uni, irrité les unes contre les autres les races mises dans la même île, et combien les montagnes ont assimilé les plus différentes situées sous les mêmes glaces. L'unité helvétique peut soulever autant d'admiration que ses glaciers, ses vallées et ses lacs, et sa géographie sociologique est aussi curieuse que celle physique. C'est la montagne qui l'a préservée du conquérant étranger, c'est elle qui, en la divisant, a conservé l'autonomie de chaque canton vis-à-vis des autres, mais avec cette action bienfaisante de climat et de relief du terrain en est surgie une autre qui était presque inconnue dans les autres pays, celle du fédéralisme, favorisé par les mêmes causes. Le montagnard d'Ecosse, celui des Pyrénées, de même celui des Alpes est devenu un fils indépendant. De cette liberté un peu sauvage sont nées d'abord des luttes de classes, parfois cruelles, mais bientôt celles-ci se sont réunies, d'abord par la nécessité de combattre l'ennemi du dehors, puis, par celle d'être plus forts entre eux que d'autres, dans le but de ne pas entretenir toujours des luttes féroces et pour se garantir ensuite contre un sol ingrat. La terre marâtre a fait d'autant plus l'homme avoir besoin du secours de l'homme.

3° *Cumul de plusieurs races sur le même sol, par la conquête.*

Il s'agit maintenant de la cause la plus fréquente des guerres dites de sécession, lesquelles n'ont rien non plus directement de la géographie, mais tout de l'histoire, de l'action volontaire, se manifestent par la voie de fait, par la conquête, pour soumettre une race à une autre, puis plus tard, par la révolte, quand il en est temps, pour secouer le joug. C'est ce qui constitue proprement ce que l'on appelle la question des nationalités.

Cette question a été longtemps inconnue ou étouffée. Cela venait souvent, tantôt du traitement brutal, presque inconscient, d'une race par une autre, tantôt de l'absorption de l'idée de race par celle de dynastie. Au premier cas, dans l'antiquité, les nations, pas plus que les individus, n'ont un droit sacré à la vie, à la liberté, a l'autonomie. Le vainqueur n'a pas à éprouver de scrupules, le fer et le feu l'ont sacré. Le vaincu ne disparait pas seulement du pouvoir, son pays disparaît de la carte, l'habitant est enlevé, réduit en esclavage. Heureux s'il obtient la vie sauve ! La Grèce a suivi Rome presque volontairement après les premières batailles ; la Gaule s'est romanisée, les Barbares ont voulu devenir des empereurs. Le patriotisme avant et après la lutte eut des paroxysmes, mais les révoltes postérieures furent rares. C'était entre civilisations différentes, et le plus civilisé finissait par l'emporter. C'est ce qui a lieu encore de nos jours entre Européens et peuplades inférieures.

Il en est autrement depuis le moyen âge dans notre Europe. Tous les pays ont été recouverts d'invasions successives, par des peuples de civilisations non parfaitement égales, mais tendant a l'égalité, et si celle-ci n'était pas toujours parfaite, la bataille ne penchait qu'au profit de celle qui avait une puissance militaire supérieure. L'invasion avait d'ailleurs jeté pêle-mêle entre eux, et avec les races vaincues, les races d'hommes les plus diverses. Souvent même il y avait superposition, non seulement des vainqueurs a des vaincus, mais encore d'autres vainqueurs aux premiers vainqueurs. Dans cette horrible mêlée, il n'y eut a l'origine que luttes, victoires, infériorisation de l'une des races, soit superposées, soit voisines. Telle est l'origine de la question des nationalités. Si chacune d'elles eût été régulièrement cantonnée en un pays, cette question n'aurait pas pris naissance. Les pacifistes n'auraient eu a envisager aujourd'hui que les guerres entre Etats autonomes et ce qui les arrête à ce moment, n'existerait pas. Sans doute, il peut y avoir compression si grande que le vaincu soit définitivement étouffé, sinon tout de suite, au bout d'un siècle ou deux, car la main du conquérant est lourde et ne devient humaine qu'à force de soumission, elle a d'ailleurs retiré au vaincu toute égalité, toute liberté, toute dignité. Celui-ci est exclu de toutes les fonctions publiques, on lui enlève ses armes, on abolit ses lois, on persécute sa religion, et même, ce qui apparaît peut-être le plus cruel, on lui interdit l'usage de sa propre langue. C'est là presque le comble, car la langue maternelle, c'est peut-être ce qu'il y a de plus intime dans la parenté des esprits. Souvent même on le chasse du sol, et alors tout serait détruit, si l'exil n'avait toujours contre cette lésion, le contre-poison de la léthargie. Si cet état s'aggrave de plus en plus, on peut aboutir à la mort, mais cependant ce n'est parfois qu'une apparence, une sorte de résurrection se fait. Il suffit qu'il reste un seul point en ignition : le langage qui est, pour ainsi dire, l'essence de la race. Il y a d'ailleurs une source de reviviscence que les oppresseurs procurent eux-mêmes, ce sont les persécutions, presque toujours injustes et absurdes, et capables de réveiller les plus indifférents. On comprend dès lors que les nationalités aient la vie dure. C'est parce qu'elles l'ont, parce qu'elles se lèvent soudain, lorsqu'on les croit au tombeau, qu'aujourd'hui, à la suite de longs siècles, non seulement elles n'ont pas disparu, mais qu'elles ne sont plus négligeables et viennent secouer si rudement le repos quelque peu béat de nos pacifistes.

Mais ces nationalités opprimées sont-elles assez nombreuses, sont-elles assez importantes, sont-elles assez impatientes du joug pour inquiéter la cause de la paix, pour que leur question doive se poser à découvert et se résoudre à part? Il faut ici passer brièvement en revue l'état actuel et chercher les moyens de solution, s'il en reste, de cette nouvelle branche du pacifisme.

L'espace nous manque pour une telle description, et même pour une nomenclature complète, mais il y a des pays parfaitement classiques sous ce rapport, c'est-à-dire célèbres par les persécutions endurées depuis des siècles et causées par les différences de races, lesquelles ont produit des divergences profondes dans tous les éléments sociaux, et qui parfois se sont compliquées d'autres étrangères. Il est remarquable que les tyrans aient si souvent exercé les mêmes genres de tyrannie, comme si la liste en était cataloguée. D'un bout de l'Europe à l'autre, c'est comme une randonnée. Il y a cependant des degrés, ainsi que nous l'avons remarqué déjà. De la tyrannie étatique de la race dominante à la subordonnée, on descend à celle unitaire du centre à la simple province. Parmi les peuples d'Europe, trois pays, l'Irlande, la Pologne, l'Alsace-Lorraine ont en ce moment le record de l'indignation patriotique. Il y en a d'autres, sans doute, à ne rappeler que l'Arménie et la Macédoine, dont le passé tout proche et le présent ont été plus sanglants encore. D'autre part, toutes les populations chrétiennes de la Turquie d'Europe ou de ses voisines qui ne sont qu'en partie autonomes, nous prouvent assez en ce moment, par leur insurrection victorieuse, la vitalité de leurs nationalités diverses, helléniques, serbes, bulgares, et même albanaises, tellement qu'elles se déchirent elles-mêmes, après avoir vaincu l'ennemi commun. Il y a la un concert formidable, d'autant plus fort que des grandes puissances voisines, contre toutes les règles, ont voulu intervenir, plutôt pour leur défaite que pour leur aide.

Ce ne sont pas la encore toutes celles qu'englobe dans notre Europe la question des nationalités, et si quelques-unes d'elles sont importantes, ce qui l'est encore plus, c'est le nombre des nationalites intéressées pour elles-mêmes que ces questions soulevent d'une façon plus ou moins apparente : question du Schleswig arraché au Danemark, de la Finlande décapitée, de toutes les nations slaves de l'Autriche et de la Hongrie, notamment Tchèques, Bosniennes et Herzégovines, des Polonais, des Moraves, des Croates, des Roumains, des Ruthenes, des Italiens, des Lithuaniens et des Livoniens, de la Petite Russie confisquées par leurs maîtres. Que si nous descendons au rang de simples provinces revendiquant leur rang d'autonomie simplement provinciale, ce qui serait un degré inférieur, le nombre devient beaucoup plus considérable. Faut-il rappeler la Catalogne, le pays Basque, beaucoup d'autres provinces de l'Espagne, aux revendications nationalistes, plus ou moins tempérées, mais très réelles, et qui iront en s'accentuant avec le temps et le besoin de desserrer les liens centralisateurs, trop vigoureux et exténuant toute la périphérie.

Mais nous devons nous borner ici, et nous ne voulons aborder et étudier qu'un seul exemple, parce qu'il s'agit d'un pays voisin du nôtre, dont nous pouvons suivre facilement la géographie et l'histoire, dont l'écrasement remonte aux temps les plus anciens et qui a subi des persécutions prolongées au triple point de vue de la religion dissidente, de la prospérité économique, de l'autonomie et des droits politiques, de l'instruction et du langage, et qui a conservé cependant toute sa vitalité. Présenter le tableau de toutes les races opprimées serait une tâche trop étendue. *Ab uno disce omnes.* C'est pour ce pays d'ailleurs que l'agitation actuelle est au paroxysme et que le désaccord marqué deux fois entre les deux branches du parlement anglais va prochainement se résoudre grâce à un changement récent de la Constitution qui infériorise la Chambre des Lords, sans quoi le conflit sur le home-rule serait peut-être insoluble.

En effet, l'Irlande est bien sous ce rapport un modèle ethnique de la vieille race celtique qui est d'ailleurs notre vieille race historique principale armoricaine et française, et nous pouvons la voir près de nous à travers la Manche. En ce moment elle combat encore pour son *home-rule*, c'est-à-dire son parlement, son autonomie, c'est par des armes pacifiques et parlementaires, parce qu'elle ne peut pas faire autrement en présence du colosse presque mondial qui la regarde de près. Mais ce n'est pas tout, c'est la tête, pour ainsi dire, d'une trilogie de revendications. Une réclamation plus vive encore est pour elle celle du *struggle for life*, comme disent si bien nos voisins pratiques. Il s'agit de vivre, et voilà ce qui est encore au-dessus de la politique. Mais, ce qui a été plus essentiel pour l'Irlande, autrefois surtout, ce fut la liberté de croyances, la foi catholique. On lui refusa le tout et on le lui accorde aujourd'hui par bribes, si bien que le pays s'est ruiné à la fois par l'absentéisme de ses landlords et par l'émigration de paysans qui ont eu recours à l'hospitalité des Anglo-sécessionnistes, ceux des Etats-Unis. Enfin, ce qui domine le tout, c'est la revendication linguistique. Le rameau celtique de la Green-Erin, comme toutes les autres races qui reprennent leur autonomie, se retrempe dans le langage ancestral. D'ailleurs, cet arbre antique a poussé ses racines alentour, le Breton de France, le Gallois, l'Ecossais, parlent des idiômes apparentes, et il s'établit d'un côté à l'autre de la Manche une union fraternelle entre ces peuples, sinon tous opprimés, au moins, tous infériorisés, ou dans l'espace ou dans le temps, dans la géographie ou dans l'histoire.

Les annales de l'Irlande sont instructives, elles nous en font pressentir beaucoup d'autres. Il s'agit d'abord de la conquête par les Anglais en 1156. Préalablement, une bulle du pape Adrien IV donnait à Henri II d'Angleterre la propriété de l'Ile très chrétienne, comme si elle lui appartenait à lui-même. Plus tard, dans la Bretagne du continent, ne voyons-nous pas de nouveau le successeur de ce pontife, pour assurer notre duché à la France, prononcer la nullité du mariage de son roi avec son épouse légale, lui permettre cette union nouvelle, en réalité, bigamique! Or, les Anglais se partagèrent féodalement l'île conquise ; une des races désormais devint la constante opprimée de l'autre. Les Irlandais furent chassés des villes, exclus du commerce et de l'industrie, déclarés incapables de tout emploi public; on leur refusa même d'être naturalisés Anglais, enfin on les déposséda de leurs immeubles, ceux Anglais mêmes, s'ils sont nés en Irlande. Le mariage entre les deux races était interdit. Un Anglais, Desmond, fut décapité pour avoir épousé une Irlandaise. Le meurtre d'un Irlandais n'était même pas punissable au point de vue légal. C'est Henri VIII qui commence la persécution. Aux catholiques il réservait le gibet, aux protestants le bûcher, on ne pouvait être un roi plus aimable. Son fils Edouard VI continua la même persécution, il fit saccager les églises et ordonna aux Irlandais le jeûne et la communion sous les deux espèces, sous peine de prison, et parfois de peine capitale. Marie Tudor persécuta à son tour les protestants, et leurs ministres en Irlande eurent la tête tranchée ; sur la plainte des Irlandais, on mit le feu en leurs maisons, après en avoir muré les portes. Sa sœur Elisabeth lui succéda, elle persécuta de même, mais dans un tout autre sens, ce furent les catholiques qui pâtirent. Au nom de la confession religieuse, elle dépouilla d'autres Irlandais de leurs possessions ; par suite de la persécution, ceux-ci durent se réfugier dans les forêts ; le pays devint désert et stérile ; ceux qui refusaient le culte anglican en récidive étaient pendus. Plus tard, le roi d'Angleterre Charles I essaya de nouveau de protestantiser l'île, notamment par la loi des pupilles, d'après laquelle le fils aîné qui refusait de se convertir, voyait passer la succession au fils cadet ; son envoyé, Lord Strafford, était accompagné partout de juges et de bourreaux, et il procedait aux épreuves des oreilles coupées, du fer rouge imprimé au front. Sa cruauté fut telle que son souverain dut l'envoyer à l'échafaud. Sous Cromwell, le système ne change pas. Pour la même cause religieuse, le vice-roi d'Irlande fait en peu de jours périr 3.000 personnes. Le protecteur est chargé de persécuter davantage sous le nom de pacification et de conversion, à la tête de 60.000 hommes. Lors du siège de Drogheda, il promet la vie sauve a tous ceux qui déposeront les armes, mais la ville rendue, il ordonne à son armée pendant 5 jours un massacre général ; même les cathédrales, lieux d'asile ordinaires, ne sont pas respectées. Il en est de même a la ville de Wexford. Cromwell crée ensuite un tribunal pour juger les catholiques réfractaires, mais, en réalité, on condamne aussi à mort même ceux qui avaient apostasié. En outre, plus de 100.000 Irlandais furent déportés aux Antilles, et la plupart vendus comme esclaves. Plusieurs historiens ont compté à 800.000 environ en 10 ans les Irlandais qui périrent ainsi. Enfin, Cromwell assigne aux autres une résidence forcée dans un district, sous peine de mort.

Mais Cromwell disparaît, et la famille des Stuarts remonte sur le trône. L'Irlande peut donc espérer, c'est en vain. Ses nouveaux maîtres persécutent tous les non conformistes, par conséquent, les catholiques, aussi bien que les protestants dissidents. Le primat d'Irlande est exécuté et ceux qui ne crurent pas à la transsubstantiation furent exclus des emplois publics.

L'avènement de la dynastie d'Orange fut un nouveau signal de persécutions intenses ; aussi l'émigration recommença : 12.000 Irlandais vinrent demeurer en France, le motif était toujours religieux, mais devint en même temps économique. L'Irlandais catholique ne put avoir grade dans l'armée ou dans la marine, ou même y servir comme simple soldat ; il ne pouvait obtenir un emploi civil, faire partie d'aucune corporation, était privé de tout droit d'élection, les pairs n'avaient pas le droit de siéger à la Chambre des Lords. Celui qui épousait une femme catholique était déchu de tous ses droits ; tout prêtre du même culte pouvait être déporté. Si l'Irlandais catholique ouvrait une école, il était puni du bannissement, et s'il récidivait, était pendu comme félon, et alors l'enfant, quelque fût son âge, perdait tous ses biens. En 1760, sous le règne de Georges II, éclate la formidable insurrection des Enfants Blancs, provoquée cette fois directement par une question, non pas nouvelle, mais qui va prendre le dessus, la question économique, celle de la misère des Irlandais, la famine provoquée par la dîme au profit du clergé anglican, elle ne put se terminer que par la défaite, et une oppression redoublée. Bientôt cependant les Irlandais se trouvent encouragés, d'abord par la sécession des Etats-Unis d'Amérique, puis par la Révolution française et ses guerres avec la Grande-Bretagne ; dès lors, le besoin autonomique revêt encore un troisième caractère, le caractère politique et plutôt ethnique. Mais l'Irlande n'est pas ainsi plus heureuse. L'Angleterre a acquis un formidable empire colonial et l'Irlande a affaire à trop forte partie, le sort, non plus, ne lui est pas favorable. Qui ne connaît l'intrépide entreprise de Hoche pour ce malheureux pays, empêchée par une violente tempête, et comment la tentative fut suivie contre les Irlandais d'une répression impitoyable à la suite d'un simulacre de procédure consistant dans l'emploi seul de la torture, ce qui amena le massacre légal de 30.000 Irlandais? En 1800, le Parlement d'Irlande fut supprimé par l'Acte d'Union. Une nouvelle insurrection eut lieu en 1803, guidée par Robert Emmet et avec la promesse pour la troisième fois de l'appui du gouvernement français, mais cet appui manqua et de nouveaux massacres suivirent. Plus tard, les réclamations d'O'Connell s'élevèrent en vain pour rétablir le *home rule*. En 1845 un nouveau fléau vint frapper l'Irlande, la disette de pommes de terre, à la suite, un million d'Irlandais quittèrent le pays et se refugièrent au Canada et aux Etats-Unis, où ils forment maintenant une colonie de plus de 10 millions d'habitants. En 1861, cette situation fit surgir une association redoutable dans le Nouveau-Monde, celle des Fénians qui exercèrent une nouvelle révolte, laquelle fut découverte et noyée dans le sang. Plus tard, c'est l'idée du home rule qui domine, c'est-à-dire le rétablissement du parlement irlandais, mêlée cependant toujours a la question économique, basée sur l'absentéisme des lords propriétaires, d'une part, et d'autre part, sur les situations précaires des Irlandais ; les expulsions continuelles de ceux-ci hors de leurs fermes en sont la conséquence. En 1880, la misère est au plus haut point. La ligue agraire se forme et en même temps toutes les revendications agrariennes. Avec Parnell, une campagne est menée par eux aux Etats-Unis pour obtenir des secours, en même temps que les émigrations irlandaises au Nouveau-Monde continuent toujours. Les accusés sont acquittés, mais trente-six députés irlandais sont expulsés du Parlement anglais, en même temps qu'un des chefs du fenianisme, Davidt, est condamné, puis gracié, puis repris de nouveau, le tout malgré la protection du célèbre député Gladstone, en même temps que les Etats-Unis protestent. Tous ces agissements donnent lieu à Hyde-Park en 1881 à une protestation solennelle, mais elle est suivie de la loi de coercition, en vertu de laquelle pourront être détenues sans jugement toutes les personnes qui seront soupçonnées de trahison ou de pratique séditieuse, lorsque le vice-roi d'Irlande aura proclamé l'état de siège, et cela avec effet rétroactif. Cette loi fut de suite mise à exécution de la façon la plus sévère, les arrestations furent suivies de manifestations nouvelles pour délivrer les prisonniers. Les saisies poursuivirent, d'autre part, les fermiers insolvables ou gênés. Tels furent les résultats alors de la loi de coercition. Nous ne pouvons poursuivre plus loin cet historique. Nous avons seulement voulu établir que depuis les temps les plus anciens et sans interruption, une race germanique, si l'on préfère, la nation anglaise, a pesé sur la race irlandaise, sans avoir jamais été acceptée. Aujourd'hui les trois revendications persistent encore : 1° celle religieuse, mais la catholique Irlande a acquis enfin le libre exercice de son culte ; 2° celle économique, car l'Irlande est toujours ou se dit toujours exploitée par l'Angleterre ; 3° celle autonomique et politique, car son parlement a aujourd'hui été supprimé sans droit, et elle ne peut le remplacer que par des agissements révolutionnaires. Cependant sur ce point, elle a encore l'espoir d'obtenir le rétablissement de ce Parlement supprimé en 1800, à l'instigation du premier ministre Asquith et malgré l'opposition de la Chambre des Lords. Enfin elle y ajoute, comme tous les pays conquis et opprimés, la revendication de sa langue. Cette lutte vient s'ajouter enfin aux trois autres, dont elle forme pour ainsi dire le couronnement. Une nation ne vit réellement, d'une manière complète, quelles que soient ses limites par ailleurs, comme unité ethnique, comme race ou nationalité, que lorsqu'elle parle son propre idiome, soit langue tout à fait originale, soit dialécte important et bien distinct. Or cette langue, le gaelique, s'était un peu effacée pour l'Irlande au cours des siècles, en raison de la conquête à la fois et de l'infériorisation des campagnes. Elle fut plutôt tout à la lutte agraire et politique, après s'être consacrée d'abord à la lutte religieuse, mais maintenant, à titre d'instrument précieux, c'est le langage qui travaille, comme chez presque tous les autres peuples opprimés. Aussi, et par contre, au XIXe siècle les études gaeliques sont interdites, l'instituteur anglais prétend ignorer la langue du pays ; des patriotes, O'Connell lui-même, suivaient leur exemple et conseillaient l'usage de l'anglais qui permet de discuter à Westminster. Aussi, si la résurrection du celtique s'y fait de nos jours, c'est grâce à une association, le *Connradh na Gaedhilge* qui enseigne la langue maternelle régulièrement aux écoles du soir et qui a fini, d'abord dédaignée, par pénétrer dans toutes les classes. Avant 1847, tous parlaient encore l'Irlandais, sauf dans les villes, aujourd'hui seulement 700.000 personnes sur 4 millions et demi, concurremment avec l'anglais, et 30.000 seulement d'une façon exclusive ; les prêtres avaient cessé de prêcher en irlandais, les paysans méprisaient leur langue, la bourgeoisie l'avait perdue. On s'en est aperçu et en 1893, Hyde, le savant celtiste, fonda la ligue ci-dessus. On créa les réunions analogues à l'esteiffod des Gallois, le clergé catholique entra dans le mouvement, deux journaux en gaelique furent fondés à Dublin, malgré l'hostilité du Trinity College. Le celtique s'est répandu jusque dans la littérature et l'enseignement supérieur. D'autre part, la langue passa avec l'émigration, en Australie, dans la Nouvelle-Zelande, aux Etats-Unis, dans l'Amérique du Sud. Dès lors, le langage, l'âme d'une nation, fut sûr de ne pas périr.

Ce n'est pas tout, l'Irlande, comme branche d'une race, n'est pas isolée. Sans quitter le point de vue du langage qui est la pierre de touche la plus sensible, la langue celtique est apparentée à beaucoup d'autres non géographiquement éloignées. Dans la Grande Bretagne, des langues celtiques, de même origine, sont parlées, en Ecosse, dans l'île de Man, au pays de Galles, et l'étaient encore, il y a une trentaine d'années, en Cornouailles. Le massif breton y est compact vis-à-vis du massif ou des massifs Anglo-Normands. Bien plus, de l'autre côté de la Manche, en notre Bretagne française, un département et une partie de deux autres, quoique français, parlent le breton armoricain, et ont beaucoup de traits communs avec les Irlandais insulaires. De nos jours, des rapprochements littéraires, coutumiers et linguistiques, se font, entre ces insulaires et ces quasi insulaires, d'un rivage a l'autre de la Manche. Les langues à demi oblitérées, reprennent leur culture, et font même des échanges, et le vieux Merlin breton s'en va encore de la Cour du roi Arthur à sa forêt de Brocéliande.

Malheureusement tout n'est pas poésie dans ces fraternités entre les rejetons plus ou moins éloignes.

Il est même remarquable que les Celtes ont étéfrappés dans l'histoire d'un malheur immérite. Il leur est échu en partage des terres plus ingrates, ou plus isolées, plus exposees à un ciel inclément, et il en est résulté une pauvreté, souvent une misère extrème ; tel fut le lot des Irlandais, tel fut longtemps celui des Bretons, les persécutions suivirent à leur tour, mais le caractère national n'en fut que renforcé. Les Irlandais en ont été la preuve. Sans doute, les mœurs se sont adoucies, mais ils combattent encore pour leur home-rule ; ce pays n'a plus de parlement, il n'est plus autonome. Le deviendra-t-il ? C'est la question ! Il n'a pas la force, et c'est elle seule qui forme le droit entre les nations. Est-ce à dire qu'il a dans les Anglais des ennemis féroces ? Autrefois peut-être, car l'histoire n'est qu'une longue suite de massacres, mais il n'en est pas de même aujourd'hui. L'Anglais est généreux, bienfaisant et a d'incontestables qualités, mais il n'en est pas de même des Etats. Tous se distinguent par leur égoïsme, et ce qui en est la triste conséquence. Les nationalités, quelque modérées que soient les libertés demandées, n'ont jamais rien obtenu que par la violence unie a la force, aussi la triple revendication dure encore ; celle religieuse a seule triomphé dans une grande mesure, grâce à la tolérance et plus encore peut-être à l'indifférence religieuse qui s'étend. Cependant l'Irlande a la main en ce moment sur son home-rule. Il lui est enfin promis, par deux votes de la Chambre des Communes.

En tous cas, on voit ce que nous voulions montrer, que dans certaines régions, et pour certaines races, l'histoire, pour ainsi dire, a pu passer tout entière et parvenir à nos jours, sans que le sentiment, la sensation même de la race se soit éteinte; sans doute, à partir d'un moment, elle s'est affaiblie, elle a été noyée dans le sang, dans la misère, dans la persecution même des idées et du langage, dans l'isolement, mais après des siècles, elle s'est réveillée, malgré des oppressions et des mépris constants. Quelle raison les domina - teurs ont-ils opposée a une revendication aussi tenace ? Une, aussi stupide, que celle faite par le loup à l'agneau, eu disant, suivant notre fabuliste, « si ce n'est toi, c'est donc ton frère, ou bien quelqu'un des tiens ». Comme ailleurs, le Parlement et les hommes d'Etat anglais se sont justifiés sous le prétexte que l'Irlandais était ingouvernable, puisque sans cesse il se révoltait C'est pour un motif de ce genre que plus loin la Pologne a été déchirée, puis partagée.

L'étendue de notre travail nous contraint a nous contenter, comme exemple, de l'Irlande. On pourra opposer, il est vrai. que son droit à l'autonomie est certain et que sa vitalité est intacte, mais qu'en fait, non plus en droit, sa faiblesse la force, eu réalité, à dépérir, puis à périr, en face de la puissante Angleterre, et ajoute-t-on, s'il en est ainsi dans les autres pays relativement aux races soumises, il leur faut donc renoncer à la vie qu'elles ne pourraient faire valoir à elles-mêmes, sous peine de mettre l'Eurepe en feu. C'est ce que nous pourrions d'abord discuter pour chacune d'elles, et si nous avions démontré qu'il en est ainsi, le résultat, tout navrant qu'il soit, puisqu'il consacrerait l'injustice, serait à subir peut-être. En effet, il y a d'autres pays où l'affranchissement semble plus impossible encore à obtenir, en Pologne, par exemple, que trois puissances tiennent à la fois dans leur baillon de fer. On comprend, d'ailleurs, qu'un malfaiteur luimême, lorsqu'il croit avoir la prescription, à défaut d'autre droit, ne veut rien céder et traite de sentimentalité naïve l'instinct même le plus élémentaire de la justice. D'autre part, c'est peut-être donner un conseil imprudent à des races dénuées de toute force relative de se révolter avec des bras mal armés et leur faible nombre contre les terribles engins et les nations nombreuses. C'est de plus en plus, avec notre Europe actuelle, le canon qui parle seul pour dire : oui, et pour dire : non, et sa décision est sans appel. Sans doute, certaines races sont plus fortes et nous en voyons en ce moment un exemple frappant, surtout lorsque les vainqueurs, en même temps, sont devenus plus faibles. C'est ce qui se passe aujourd'hui en Orient : Bulgares, Serbes, Grecs, et au besoin, Roumains, peuvent prévaloir contre la Turquie. Mais d'abord ces peuples étaient chacun déjà à demi indépendants, c'étaient des Etats, non de simples races ; puis ils se sont unis, cette union, comme partout, a fait la force, de même que leur désunion ensuite a marqué tant de crimes à nouveau. La Turquie était déjà l'homme malade ; ses médecins qui ne quittaient pas son chevet auraient pu l'achever, et encore ne l'ont-ils pas fait entièrement, elle s'est remise sur son séant en temps opportun et a profité d'un instant de surprise pour rentrer dans Andrinople. Mais hélas ! le succès a été borné et est encore en proie aux vicissitudes de l'avenir. Quel est, en effet, après le péril de la faiblesse, le danger des peuples révoltés et triomphants, c'est un second qui nait entre eux de la rivalité, au jour du succès. Les Bulgares, non Slaves, mais Slavicisés, ont fait, après le triomphe, une guerre acharnée aux vrais Slaves et aux Grecs. Enfin cette nouvelle guerre terminée par une sorte d'extermination sous les yeux de l'Ottoman satisfait, l'Albanais ottomanisé est venu à son tour se dresser devant les Serbes. Les faits d'armes les plus sublimes ont été ainsi trainés dans la boue et dans le sang, faisant pitié et honte, comme une profanation du courage, même aux cœurs généreux.

Est-ce toute l'objection? Non. Il faut aux races vaincues avoir traversé d'abord toute l'histoire, ce qui est déjà difficile, avoir conservé ou recouvré leur langage, conservé leur élan, repris espoir, puis avoir acquis une force petite, mais suffisante, qui leur permette de lutter sans suicide. Ensuite, si le même pays, contient plusieurs races distinctes révoltées contre la même nation, il faut qu'elles s'entendent assez pour se partager le sol conquis, chacune en droit soi, suivant les lignes de leur langue ou de leur habitat actuel. Celà ne suffit pas encore. Un troisième danger vient souvent du dehors. Il s'agit d'un Etat voisin où demeurent des gens de même race que le peuple qui vient de s'affranchir. C'est aussi un peuple subjugué. Ne va-t-il pas suivre, par exemple, l'exemple, et s'il le suit, c'en est fait pour l'Autriche de l'Herzégovine, c'en est fait de la Bosnie, c'en est fait peut-être des Tchèques, des Slovaques, des Petits-Russiens, des Polonais et de combien d'autres. Aussi s'il faut allumer le feu, l'Autriche soufflera dessus. Et la Russie, la panslaviste, est-ce qu'elle ne va pas souffler aussi un peu?

Voilà les obstacles, ceux au triomphe des nationalités, ceux, par conséquent aussi, à leur lutte. Elle devient donc impossible à soutenir? Les pacifistes n'ont qu'à se reposer, ils n'ont ainsi plus qu'à soutenir la paix entre Etats proprement dits, ils espèrent que La Haye pourra y suffire. ·

Nous ne le croyions déjà pas, ou il faudrait trouver un moyen plus topique que l'installation seule de cette institution supérieure, si fragile déjà au milieu d'Etats géants et souverains, mais nous le croyons moins encore, lorsqu'on sera en face de nationalités révoltées contre leurs maîtres hétérogènes. Il faudra chercher une idée nouvelle adaptée a une telle destination, car l'obstacle est aussi absolu qu'imprévu. Nous le tenterons dans ure autre étude et nous verrons s'il n'existe pas un procédé, le seul peut-être, qui puisse résoudre ce problème insoluble pour certains pacifistes à trop courte vue, et si ce moyen trouvé, il ne peut pas répondre, par contre-coup, à la question toujours ouverte du pacifisme entre Etats. Nous verrons enfin, s'il ne doit pas s'appliquer aussi, en modifiant ce qui doit l'être, même à son tour, aux dangers de la guerre civile qui est encore un dernier attentat, non le moins cruel, à la vie et au bonheur des peuples. Ce serait le pacifisme cette fois intégral. Jusque-là, nous prétendons que le pacifisme entre Etats ne peut être sérieusement fondé, si l'on n'a préalablement établi celui entre races ou nationalités, c'est-a-dire entre groupes assimilés aux races. Loin d'être un obstacle essentiel à la solution entre États, le redressement de la carte européenne pourrait en devenir le plus sûr moyen préalable.

REVUE INTERNATIONALE

DE

SOCIOLOGIE

PUBLIÉE TOUS LES MOIS, SOUS LA DIRECTION DE

RENÉ WORMS

Secrétaire-Général de l'Institut International de Sociologie
et de la Société de Sociologie de Paris.

AVEC LA COLLABORATION ET LE CONCOURS DE

Ch. Andler, Paris. — A. Asturaro, Gênes. — G. de Azcarate, Madrid. — A. Babeau, Troyes. — J. M. Baldwin, Mexico. — M. E. Ballesteros, Santiago. — A. Bauer, Langres. — P. Beauregard, Paris.]— R. Bérenger, Paris. — M. Bernès, Paris. — J. Bertillon, Paris. — A. Bertrand, Lyon. — E. de Bœhm-Bawerk, Vienne. — Léon Bourgeois, Paris. — Th Braga, Lisbonne. — L. Brentano, Munich. — F. Buisson, Paris. — Ad. Buylla, Madrid. — Ed. Chavannes, Paris. — M. H. Cornejo, Lima. — R. Dalla Volta, Florence. — G. De Greef, Bruxelles. — C. Dobrogeanu, Bucarest. — P. Dorado, Salamanque. — M. Dufourmantelle, Paris. — L. Duguit, Bordeaux. — A. Espinas, Paris. — Fernand Faure, Paris. — E. Ferri, Rome. — G. Fiamingo, Rome. — R. Garofalo, Rome. — Ch. Gide, Paris. — Fr. H. Giddings, New-York. — F. Giner de los Rios, Madrid. — R. de la Grasserie, Rennes. — P. Grimanelli, Paris. — Yves Guyot, Paris. — H. Hauser, Dijon. — F. Harrison, Londres. — Ed. Herriot, Lyon. — M. Kovalewsky, St-Pétersbourg. — Ad. Landry, Paris. — F. Larnande, Paris. — A. Loria, Turin. — J. Loutchisky, Kiew. — J. Mandello, Presbourg. — L. Manouvrier, Paris. — P. du Maroussem, Paris. — T. Masaryk, Prague. — Carl Menger, Vienne. — F. S. Nitti, Naples. — W. Ostwald, Leipzig. — Ed. Perrier, Paris. — Ch. Pfister, Paris. — L. Philippe, Paris. — Ad. Posada, Madrid. — A. Raffalovich, Paris. — M. Revon, Paris. — Th. Ribot, Paris. — Ch. Richet, Paris. — E. de Roberty, Tver. — V. Rossel, Berne. — G. Schmoller, Berlin. — F. Schrader, Paris. — G. Simmel, Berlin. — C. N. Starcke, Copenhague. — L. Stein, Berlin. — S. R. Steinmetz, Amsterdam. — L. Tanon, Paris. — F. Tœnnies, Kiel. — E. B. Tylor, Oxford. — E. Vander Rest, Bruxelles. — J. M. Vincent, Baltimore. — P. Vinogradow, Oxford. — E. Westermack, Helsingfors. — Emile Worms, Paris. — L. Wuarin, Genève

Secrétaires de la Rédaction : Al. Lambert. — G.-L. Duprat. — E. Chauffard. — R. Maunier.

VINGT-DEUXIÈME ANNÉE

Abonnement annuel : FRANCE : 18 fr. — UNION POSTALE : 20 fr.

M. GIARD & E. BRIÈRE, ÉDITEURS

16, RUE SOUFFLOT ET 12, RUE TOULLIER

PARIS, 5e

1914